CRISTOLOGIA

Dados Internacionais de Catalogação na Publicação (CIP)
(Câmara Brasileira do Livro, SP, Brasil)

Ferraro, Benedito
  Cristologia / Benedito Ferraro. 7. ed. – Petrópolis, RJ :
Vozes, 2021. (Coleção Iniciação à Teologia)

  ISBN 978-65-5713-123-7

  Bibliografia.

  1. Jesus Cristo – História das doutrinas 2. Jesus Cristo –
Pessoa e missão I. Título.

03-5261   CDD-232.8

Índices para catálogo sistemático:

1. Jesus Cristo : Pessoa e missão : Cristologia   232.8

BENEDITO FERRARO

CRISTOLOGIA

EDITORA VOZES

Petrópolis

© 2004, 2021, Editora Vozes Ltda.
Rua Frei Luís, 100
25689-900 Petrópolis, RJ
www.vozes.com.br
Brasil

Todos os direitos reservados. Nenhuma parte desta obra poderá ser reproduzida ou transmitida por qualquer forma e/ou quaisquer meios (eletrônico ou mecânico, incluindo fotocópia e gravação) ou arquivada em qualquer sistema ou banco de dados sem permissão escrita da editora.

CONSELHO EDITORIAL

Diretor
Gilberto Gonçalves Garcia

Editores
Aline dos Santos Carneiro
Edrian Josué Pasini
Marilac Loraine Oleniki
Welder Lancieri Marchini

Conselheiros
Francisco Morás
Ludovico Garmus
Teobaldo Heidemann
Volney J. Berkenbrock

Secretário executivo
João Batista Kreuch

Diagramação: Sheilandre Desenv. Gráfico
Revisão gráfica: Alessandra Karl
Capa: Editora Vozes

ISBN 978-65-5713-123-7

Editado conforme o novo acordo ortográfico.

Este livro foi composto e impresso pela Editora Vozes Ltda.

Agradecimentos

Deixo meu agradecimento às Comunidades Eclesiais de Base (CEBs) que me ajudaram, nesses anos, a compreender o sentido do seguimento de Jesus a partir da opção pelos pobres.

Agradecimento especial ao Edemilson Euclides Lovatto que me ajudou a preparar as perguntas de cada capítulo.

Sumário

Apresentação à segunda edição, 13

Prefácio, 17

Introdução, 19

Capítulo 1 As imagens de Jesus na história e as cristologias subjacentes, 25

    1 Importância da profissão de fé: "Jesus é o Cristo", 26

    2 De pastor a general, 34

    3 Imagens de Jesus na história do Brasil, 36

        3.1 Teologia e cristologia no Período Colonial (1500-1759): O Bom Jesus Sofredor, 37

        3.2 Teologia e cristologia na época da independência (1759-1840): Uma nova imagem de Jesus, sem um rosto definido e sem enraizamento popular, 41

        3.3 Teologia e cristologia na Reforma Católica (1840-1920): O Sagrado Coração de Jesus, 41

        3.4 Teologia e cristologia na Restauração Católica (1920-1960): Cristo Rei, 44

        3.5 Reconstruindo a imagem humano-histórica de Jesus (1960-2020): Jesus Cristo Libertador, 46

    Perguntas, 50

Capítulo 2 O motivo da encarnação: Jesus Cristo, Filho de Deus Salvador, 51

    1 Importância dos títulos, 52

    2 Valor da presença de Jesus na história, 55

    3 Cristologia e soteriologia, 60

    Perguntas, 67

Capítulo 3 Motivos soteriológicos que influenciaram a história da cristologia, 68

1 Divinização pela encarnação, 73

2 Divinização pela identificação (assimilação) com Deus (*Homoiôsis Theô*), 75

3 A cristologia da satisfação representativa, 77

4 A cristologia da causalidade única de Deus, 82

5 O ideal da perfeição moral, 83

6 A cristologia da personalidade pura, 84

7 Cristologia do engajamento político, 85

8 Cristologia da Libertação, 88

Perguntas, 91

Capítulo 4 Aprofundamento de por que Deus se encarnou: História da questão, 92

1 Os padres gregos e latinos, 93

2 Teólogos na Idade Média, 94

3 As controvérsias cristológicas, os concílios cristológicos e suas repercussões na história, 96

3.1 Concílios cristológicos: Contexto histórico, 96

3.2 Controvérsias cristológicas e o tensionamento existente nas diferentes concepções cristológicas, 109

3.2.1 Erros cristológicos (controvérsias) dos séculos II e III, 109

3.2.2 Erros cristológicos dos séculos IV-V: De Ario até Calcedônia, 110

Perguntas, 114

Capítulo 5 O Reino de Deus e a esperança messiânico-apocalíptica, 115

1 Jesus e o anúncio do Reino no contexto messiânico-apocalíptico, 117

1.1 As principais funções da literatura apocalíptica, 119

1.2 As características da literatura apocalíptica, 121

1.3 O anúncio querigmático da apocalíptica: "Construir o Céu na Terra" (cf. Is 65,17-25; Ap 21,1-7), 124

2 Situação sócio-econômico-político-religiosa da época de Jesus: Valor teológico do contexto sócio-histórico, 125

2.1 O anúncio do Reino (Mc 1,14-15; Mt 9,35-36; Lc 4,14-30; Mt 11,2-6.25-26), 126

2.1.1 Explosividade da palavra "Reino"(Basileia), 126

2.1.2 Todos os partidos religiosos da época se apresentam como portadores do "Reino", 127

3 Jesus: Reino de Deus e Deus do Reino, 131

3.1 Jesus, como Profeta Apocalíptico, retoma o Projeto do Reino, 132

3.2 O anúncio do Ano da Graça, 134

3.3 Jesus assume o anúncio do Reino como sua tarefa fundamental, 135

Perguntas, 137

Capítulo 6 A reinvenção da profecia a partir da apocalíptica, 138

1 A utopia retomada, 141

2 Confronto com o Império Romano, 142

3 Confronto com o neoliberalismo e o redimensionamento da utopia hoje, 144

Perguntas, 148

Capítulo 7 As controvérsias evangélicas e o processo de rejeição de Jesus, 149

1 As controvérsias evangélicas revelam a prática histórica de Jesus, 150

1.1 As controvérsias revelam os conflitos sociais da época, 153

1.2 As controvérsias revelam a prática de Jesus, 156

2 As controvérsias evangélicas e a hermenêutica, 158

2.1 As controvérsias no contexto histórico da época de Jesus, 160

2.2 As controvérsias são constitutivas da maneira como Jesus se insere na história humana, 161

2.3 Mc 2,1–3,6: Cinco controvérsias que revelam cinco conflitos, 162

Perguntas, 169

Capítulo 8 A significação política e teológica da morte de Jesus, 170

1 A morte de jesus na cruz, 172

1.1 Dados históricos, 172

1.2 Por que matam Jesus: Motivos econômicos, sociais, políticos, culturais da morte de Jesus, 175

2 Os motivos que influenciaram os relatos da paixão, 176

   2.1 "Dogmático": Afirmação de fé, 177

   2.2 Biográfico, 177

   2.3 Cúltico e catequético, 177

   2.4 Parenético, 178

   2.5 Apologético, 178

3 Por que Jesus morre?, 180

   3.1 Interpretações a partir da experiência pascal, 181

      3.1.1 A morte de Jesus vista como morte de um Profeta, 181

      3.1.2 A morte de Jesus vista como morte do Messias Crucificado, 182

      3.1.3 A morte de Jesus como expiação e sacrifício, 182

      3.1.4 A morte de Jesus vista como ato de solidariedade, 183

   3.2 Interpretações na tradição teológica, 183

      3.2.1 Onde acontece a salvação, a redenção, a libertação?, 185

      3.2.2 Articulação das imagens para exprimir a ação salvadora – libertadora, 186

Perguntas, 188

Capítulo 9 Jesus como fonte de vida, solidariedade, libertação e salvação, 189

1 Cruz e libertação, 190

2 Cruz e caminhos de libertação, 192

   2.1 Libertação na dimensão econômica, 192

   2.2 Libertação na dimensão política, 194

   2.3 Libertação na dimensão cultural da vida, 195

   2.4 Libertação no relacionamento da sociedade com a natureza, 196

   2.5 Libertação na relação homem-mulher, da sociedade e da natureza com o sentido da vida, 196

3 A morte de Jesus, a idolatria do mercado e sacrifício dos pobres, 199

   3.1 As autoridades romanas e a morte de Jesus, 200

   3.2 Os dirigentes judeus e a morte de Jesus, 200

   3.3 O mercado globalizado e a morte de Jesus, 200

Perguntas, 203

Capítulo 10 Teologia da ressurreição, 205

1 Ratificação (confirmação) da vida, prática, mensagem, caminho, morte de Jesus por Deus Pai (At 2,36), 206

2 O evento bíblico da ressurreição, 207

2.1 O túmulo vazio: (cf. Mc 16,1-8; Mt 28,1-8; Lc 24,1-8; Jo 20,1-10), 207

2.2 Testemunho das mulheres (Mt 28,1-8; Mc 16,1-8; Lc 24,1-12; Jo 20,1-2.11-18), dos apóstolos (Jo 20,3-10.19-29), dos guardas (Mt 27,62-66; 28,4), 208

3 A ressurreição como revelação, 209

3.1 Os discípulos e discípulas e a ressurreição, 209

3.2 Ressurreição e nova humanidade, 210

3.3 Ressurreição e experiência de fé, 210

4 Jesus Cristo, Senhor da história: Dimensão escatológica da história, 214

4.1 A morte não tem a última palavra sobre Jesus: Transcendência, 214

4.2 Cristologia-utopia: Como anunciar Jesus Cristo como o Senhor? Jesus Cristo, esperança dos pobres e excluídos, 217

Perguntas, 218

Capítulo 11 Cristologia popular, 219

1 Algumas características da cristologia popular a partir da experiência eclesial das CEBs na América Latina, 220

1.1 Valorização da prática histórica de Jesus de Nazaré, 220

1.2 A inserção de Jesus, na realidade dos movimentos populares da Palestina de seu tempo, 221

1.3 A morte de Jesus é compreendida como consequência de sua prática, 221

1.4 A ressurreição de Jesus é vista como ratificação de sua vida, sua ação, sua mensagem, sua morte por Deus Pai (cf. At 2,36), 222

1.5 Retomada da prática histórica de Jesus pelas Comunidades Eclesiais de Base (CEBs): Dimensão eclesial, 222

1.6 Descoberta de que a cruz real é o pobre, 223

1.7 Jesus é visto como alguém bem próximo do sofrimento dos pobres, 224

2 Cristologia e modelos eclesiais, 224

2.1 Cristologia e catolicismo popular, 225

2.2 Cristologia e CEBs, 225

2.3 Cristologia e Movimento Carismático, 226

2.4 Desafios para a Cristologia, 227

2.4.1 Reformulação da compreensão da pessoa humana e histórica de Jesus de Nazaré, o Filho de Deus encarnado (cf. *Gaudium et Spes*, 22), 227

2.4.2 Trabalho de educação na fé, 228

2.4.3 Compreender a história humana de Jesus como a mais pura revelação do Pai (cf. Jo 14,5-9) e a mais pura afirmação do humano como graça e como tarefa ("Tão humano assim só pode ser Deus" (BOFF, 1979: 193-196), 228

2.4.4 Tarefa básica, 229

Perguntas, 232

Apresentação à segunda edição da coleção Iniciação à Teologia

Uma coleção de teologia, escrita por autores brasileiros, leva-nos a pensar a função do teólogo no seio da Igreja. Tal função, só pode ser entendida como atitude daquele que busca entender a fé que professa, e, por isso, faz teologia. Esse teólogo assume, então, a postura de produzir um pensamento sobre determinados temas, estabelecendo um diálogo entre a realidade vivida e a teologia pensada ao longo da história, e se caracteriza por articular os temas relativos à fé e à vivência cristã, a partir de seu contexto. Exemplo claro desse diálogo, com situações concretas, são Agostinho ou Tomás de Aquino, que posteriormente tiveram muitas de suas teorias incorporadas à doutrina cristã-católica, mas que a princípio buscaram estabelecer um diálogo entre a fé e aquele determinado contexto histórico. Como conceber um teólogo que se limita a reproduzir as doutrinas pensadas ao longo da história? Longe de ser alguém arbitrário ou que assuma uma posição de déspota, o teólogo é aquele que dialoga com o mundo e com a tradição. Formando a tríade teólogo-tradição-mundo, encontramos um equilíbrio saudável que faz com que o teólogo ofereça subsídios para a fé cristã, ao mesmo tempo que é fruto do contexto eclesial em que vive.

Outra característica que o acompanha é a de ser filho da comunidade eclesial, e como tal, deve fazer de seu ofício um serviço aos cristãos. Se consideramos que esses cristãos estão inseridos em realidades concretas, cada teólogo é desafiado a oferecer pistas, respostas ou perspectivas teológicas que auxiliem na construção da identidade cristã que nunca está fora de seu contexto, mas acontece justamente na relação dialógica com ele. Se o contexto é sempre novo, também a teologia se renova. Por isso o teólogo olha novos horizontes e desbrava novos caminhos a partir da experiência da fé.

O período do Concílio Vaticano II (1962-1965) consagrou novos ares à teologia europeia, influenciada pela *Nouvelle Théologie*, pelos movimentos bíblicos e litúrgicos, dentre outros. A teologia, em contexto de modernidade, apresentou sua contribuição aos processos conciliares, sobretudo na perspectiva do diálogo que ela própria estabelece com a modernidade, realidade latente no contexto europeu. A primavera teológica, marcada por expressiva produção intelectual e pelo contato com as várias dimensões humanas, sociais e eclesiais, também chega à América Latina. As conferências de Medellín (1968) e Puebla (1979) trazem a ressonância de vários teólogos latino-americanos que, diferente da teologia europeia, já não dialogam com a modernidade, mas com suas consequências, vistas principalmente no contexto socioeconômico. Desse diálogo surge a Teologia da Libertação e sua expressiva produção editorial. A Editora Vozes, nesse período, foi um canal privilegiado de publicações, e produziu a coleção *Teologia & Libertação* que reuniu grandes nomes na perspectiva da teologia com a realidade eclesial latino-americana. Também nesse período, houve uma reformulação conceitual na *REB* (Revista Eclesiástica Brasileira), organizada pelo ITF (Instituto Teológico Franciscano), sendo impressa e distribuída pela Editora Vozes. Ela deixou de ser canal de formação eclesiástica para se tornar um meio de veiculação da produção teológica brasileira.

Embora muitos teólogos continuassem produzindo, nas décadas do final do século XX e início do XXI, o pensamento teológico deixou de ter a efervescência do pós-concílio. Vivemos um momento antitético da primavera conciliar, denominado por muitos teólogos como inverno teológico. Assumiu-se a teologia da repetição doutrinária como padrão teológico e os manuais históricos – muito úteis e necessários para a construção de um substrato teológico – que passaram a dominar o espaço editorial. Essa foi a expressão de uma geração de teólogos que assumiu a postura de não mais produzir teologia, mas a de reafirmar aspectos doutrinários da Igreja. O papado de Francisco marcou o início de um novo momento, chancelando a produção de teólogos como Pagola, Castillo, e em contexto latino-americano, Gustavo Gutiérrez. A teologia voltou a ser espaço de produção e muitos teólogos passaram a se sentir mais responsáveis por oferecerem ao público leitor um material consonante com esse momento.

Em 2004, o ITF, administrado pelos franciscanos da Província da Imaculada, outrora responsável pela coleção *Teologia & Libertação* e ainda responsável pela *REB*, organizou a coleção *Iniciação à Teologia*. O Brasil vivia a efervescência dos cursos de teologia para leigos, e a coleção tinha o objetivo de oferecer a esse perfil de leitor, uma série de manuais que exploravam o que havia de basilar em cada área da teologia. A perspectiva era oferecer um substrato teológico aos leigos que buscavam o entendimento da fé. Em 2019, passamos por uma reformulação dessa coleção. Além de visarmos um diálogo com os alunos de graduação em teologia, queremos que a coleção seja espaço para a produção teológica nacional. Teólogos renomados, que têm seus nomes marcados na história da teologia brasileira, dividem o espaço com a nova geração de teólogos, que também já mostraram sua capacidade intelectual e acadêmica. Todos eles têm em comum a característica de sintetizarem em seus manuais a produção teológica que é fruto do trabalho.

A coleção *Iniciação à Teologia*, em sua nova reformulação, conta com volumes que tratam das Escrituras, da Teologia Sistemática, Teologia Histórica e Teologia Prática. Os volumes que estavam presentes na primeira edição serão reeditados; alguns com reformulações trazidas por seus autores. Os títulos escritos por Alberto Beckhäuser e Antônio Moser, renomados autores em suas respectivas áreas, serão reeditados segundo os originais, visto que o conteúdo continua relevante. Novos títulos serão publicados à medida que forem finalizados. O objetivo é oferecermos manuais às disciplinas teológicas, escritos por autores nacionais. Essa parceria da Editora Vozes com os teólogos brasileiros é expressão dos novos tempos da teologia, que busca trazer o espírito primaveril para o ambiente de produção teológica, e, consequentemente oferecermos um material de qualidade, para que estudantes de teologia, bem como teólogos e teólogas, busquem aporte para seu trabalho cotidiano.

Welder Lancieri Marchini
Editor teológico, Vozes
Coordenador da coleção

Francisco Morás
Professor do ITF
Coordenador da coleção

Prefácio

O cristianismo é a vivência histórica e circunstanciada da fé em Jesus. Nesta perspectiva seria inviável ou mesmo inexistente qualquer forma de cristianismo desconectado de um contexto histórico, afinal, o cristão o é, sempre no contexto em que vive, como ser cultural que vive sua vida cotidiana e social. Mas como podemos estabelecer uma relação entre a vivência de Jesus de Nazaré e a nossa? Como a experiência vivida há mais de dois mil anos, na Palestina, em outro contexto cultural, histórico, político e religioso, continua a ser critério e horizonte para a vivência cristã atual? Para tanto faz-se necessária uma hermenêutica capaz de apreender da figura de Jesus aquilo que lhe é característico e original.

A cristologia exerce a função central de apresentar os elementos necessários para a construção deste processo hermenêutico. Assim o entendimento do Jesus histórico que nos é apresentado pela construção dos textos bíblicos, bem como toda a construção doutrinária dos concílios cristológicos (Niceia, Constantinopla, Éfeso e Calcedônia) e a tradição teológica, são as referências que, no diálogo com o contexto histórico e cultural no qual estamos inseridos, nos possibilitam a construção de um entendimento de Jesus e, consequentemente, da vivência cristã.

Ao olhar para Jesus, o cristão não se limita a rememorar seus atos e ensinamentos. O Jesus estudado, celebrado e contemplado se torna referência para a vivência cristã atual. Os rituais cristãos não se limitam a ser uma lembrança da vida de Jesus. A cada celebração, a cada leitura de um texto bíblico ou na devoção popular da Via Sacra, o cristão revive aquilo que originalmente foi vivenciado por Jesus, ou seja, Jesus não é apenas uma teoria ou uma história antiga, mas é alguém vivo e atual que se faz presente na vida de seus seguidores. Os ensinamentos de Jesus se tornam critérios para o agir cristão. Sua cruz se torna imagem de um Deus que se identifica com o sofrimento e a injustiça, e a ressurreição se torna horizonte escatológico que aponta para a vida humana que queremos construir.

Benedito Ferraro escreveu originalmente esta obra em 2004, na primeira edição da coleção Iniciação à Teologia. Os textos e instrumentos propostos naquela edição, como as questões que encerram cada capítulo e os esquemas, foram mantidos. Não houve mudança na estrutura da obra e no sumário, mas algumas perspectivas foram acrescentadas ao texto como, por exemplo, os escritos do papa Francisco. Também algumas imagens foram acrescentadas. Elas ajudam a entender como a construção da imagem de Jesus também passa pelo estético e imagético.

O leitor encontrará nesta obra um bom manual de cristologia, que conta com as principais doutrinas, elementos bíblicos e acontecimentos que constroem a história da cristologia. Mas também encontrará uma exposição didática somada a uma arejada reflexão teológica. Mais que aprender teologia – fator essencial ao teólogo –, esta obra possibilita ao leitor o fazer teológico e o pensar sobre sua própria experiência cristológica.

Welder Lancieri Marchini
Editor Vozes
Coordenador da coleção

Francisco Morás
Professor do ITF
Coordenador da coleção

Introdução

Cada época acaba escrevendo uma história de Jesus. Em cada época, surge uma nova imagem de Jesus. A cristologia tem como papel desvendar os motivos da fé cristã no decorrer da história do cristianismo e apontar novas dimensões do mistério da encarnação, para tornar a imagem de Jesus relevante e operativa. A reflexão cristológica que estamos propondo, parte das imagens de Jesus de hoje, passa pela história da Igreja, retoma o caminho trilhado pelas primeiras comunidades cristãs e propõe a reconstrução da imagem histórica de Jesus.

Os capítulos buscam desenvolver as questões fundamentais que envolvem a reflexão cristológica. A profissão de fé, revelando a compreensão que a comunidade crente tem de Jesus, veicula a vivência e o testemunho históricos do seguimento de Jesus. Torna-se, pois, um elemento importante na medida em que nos manifesta a ação da fé pascal na vida das comunidades. Sendo um momento teórico de uma prática eclesial, a profissão de fé se torna um dos fios condutores da cristologia. Ressalta-se, neste sentido, a importância dos títulos dados a Jesus. Estes títulos mostram como se dá a presença de Jesus na história e revelam os motivos soteriológicos presentes em toda a história da cristologia. Os títulos manifestam que a história de Jesus não se torna um mero documento arqueológico, fato do passado, mas indicam a inserção de Jesus no Espírito do ressuscitado, dando sentido à vida das pessoas e das comunidades no interior do processo histórico. Esta é a razão fundamental de toda cristologia: o seguimento de Jesus no Espírito, condição indispensável de toda e qualquer teologia.

Visando compreender o sentido da fé cristã, nossa reflexão retoma o contexto da prática histórica de Jesus. Este contexto sócio-histórico é carregado de aspirações e tensões e nos ajuda a compreender o que Jesus fez e anunciou. A grande expectativa do povo era de se ver livre da dominação estrangeira. Foram séculos de opressão e dominação que impediam que a vida pudesse pulsar em toda sua exuberância. É neste contexto de esperanças messiânicas e apocalípticas que se insere a vida de Jesus. Há no ar um desejo de mudanças. Muitos grupos anunciam a chegada do Reino. Jesus e seu grupo não fogem desta perspectiva, que marca, a nosso ver, toda a trajetória de Jesus, que entra na história por causa do anúncio do Reino, é perseguido por mostrá-lo presente no meio dos pobres e é morto por causa dele. A missão de Jesus é evangelizá-lo. Sua compreensão do Reino o leva a pregar um Deus que é Pai, mas com coração de Mãe e que quer vida abundante para todos e todas. Anunciar o Reino de Deus a partir dos pobres e excluídos, num contexto de opressão, causa inúmeros conflitos com os grupos dominantes no interior da sociedade palestinense e com os romanos, que dominavam a Palestina no tempo de Jesus. Estes conflitos e tensões estão retratados nas controvérsias evangélicas que servem de fio condutor para entendermos a rejeição, a perseguição e a morte de Jesus na cruz. As controvérsias giram em torno das pilastras que sustentam a sociedade da época. Jesus se posiciona frente à Lei, confronta-se com o sistema de pureza, base de sustentação da religião da época e critica o Templo, como um dos legitimadores da apropriação do excedente da produção da população através do sistema de sacrifícios e ofertas necessários para a purificação. Além destas tensões internas, Jesus se posiciona frente aos romanos, que exerciam seu domínio pela cobrança de impostos, correspondendo a quase metade de toda a produção dos camponeses e artesãos. Jesus busca tirar a legitimidade do poder dos romanos, retomando a tradição do ano jubilar e o valor da terra, dom de Deus. César não pode ser considerado deus e muito menos exigir que o povo judeu pague tributos. Este enfrentamento levou Jesus à morte.

Nossa reflexão busca resgatar os motivos históricos da morte de Jesus, inserindo-a no contexto econômico e político da época. Seguindo o caminho indicado pelas controvérsias, procuramos mostrar que o embate seria evidente e que Jesus histórico tem consciência disto a partir da tradição do martírio dos profetas. Jesus, tendo sido discípulo do Batista, visto como profeta em sua época, e sendo Ele próprio reconhecido profeta, compreende imediatamente que, após a prisão e assassinato de João, sua vida corria perigo. Não era necessário ter luzes divinas para compreender este risco. A própria trajetória histórica já aponta para o enfrentamento.

Com base nesta análise histórica, apontamos os motivos teológicos da morte de Jesus. Buscamos compreender as interpretações que nascem da fé pascal e que estão presentes na tradição teológica. Procuramos compreender o vocabulário usado, pois o significado da morte de Jesus está articulado com as necessidades das comunidades. Compreendendo esta articulação, evitamos o risco do esvaziamento semântico das profissões de fé e podemos entender melhor como a comunidade crente vai expressando sua fé no ato salvífico, redentor e libertador de Jesus Cristo no interior da história do cristianismo. Esta articulação nos permite ligar a morte de Jesus com os mártires de hoje e vice-versa. Ajuda-nos a esclarecer o porquê da morte de mulheres, crianças, jovens, índios, sem terra, sem teto, favelados, presos, migrantes como consequência do sacrifício compulsório exigido pelo atual sistema capitalista neoliberal. Nada fica fora do sentido da cruz. Mas a cruz não deve ser dulcificada e, por isso, ela é sempre um sinal da violência contra o justo.

A ressurreição nos é apresentada na perspectiva da superação da morte. Pela fé pascal a morte não tem mais a última palavra. O encontro com o Ressuscitado dá novo ânimo aos seus seguidores e seguidoras. Reagrupando-se nas comunidades, eles mantêm o projeto de Jesus de Nazaré, o carpinteiro da Galileia, relançando a fé cristã numa perspectiva universal, de tal modo que o senhorio de Jesus possa ser anunciado ao mundo inteiro. A fé pascal abre espaço para a missão. O Reino pode ser proclamado em todos os cantos do universo. E o próprio universo entra na perspectiva de sua plenificação a partir da ressurreição de Jesus. Vivemos, hoje, um grande desafio em relação à vida humana no planeta Terra, nossa Casa Comum, pois a relação destrutiva do ser humano com a natureza, causada pela irresponsabilidade humana, pode levar ao desaparecimento da espécie humana no planeta Terra. Não será o fim da vida, mas o fim da vida humana. O próprio Papa Francisco alerta para este risco: *"As situações ameaçadoras provocam os gemidos da irmã Terra que se unem aos gemidos dos abandonados do mundo, com um lamento que reclama de nós outro rumo; nunca maltratamos e ferimos a nossa Casa Comum como nos últimos dois séculos"* (*Laudato Si'*, 53). A nossa fé na ressurreição de Jesus nos desafia a buscar novos caminhos, pois a Palavra de Deus nos assegura que a Aliança de Deus com o ser humano e com toda a terra, como anunciado em Gn 9,8-17, será mantida, pois Deus é fiel. Hoje, porém, estamos diante do fato de que o ser humano pode causar sua destruição, não por um *"desregramento cósmico"*, mas por sua irresponsabilidade no trato com a Mãe Terra. Na Carta aos Romanos, a "própria criação espera com impaciência a manifestação dos filhos de Deus" (Rm 8,19). No Ressuscitado colocamos nossa esperança e a esperança não decepciona (cf. Rm 5,3-5).

Finalizando nosso estudo, insistimos no fato de que o grande desafio para a cristologia e para as Igrejas é fazer uma educação na fé que seja coerente com o projeto do Reino anunciado por

Jesus e que continue suscitando esperança e gerando utopia. O melhor anúncio de Jesus Cristo é a constituição de comunidades coerentes e consequentes com sua prática histórica. Seremos capazes, pela dinâmica da fé pascal, de dar uma contribuição para que a vida possa continuar no Planeta, sendo coerentes com o grande projeto anunciado por Jesus da vinda do Reino em nossa história, proporcionando vida e vida plena para todos os seres humanos e também para toda a comunidade de vida sobre a Terra? A celebração litúrgica deste dia 22 de novembro de 2020 – Nosso Senhor Jesus Cristo, Rei do Universo – nos dá a certeza, na fé, de que Ele manterá a Aliança com a humanidade! Mas será que nós seres humanos seremos capazes de, numa conversão ecológica integral, refazer os laços de solidariedade entre nós e os laços de cuidado e respeito com nossa Mãe Terra?

Campinas, 22 de novembro de 2020 – Celebração de Nosso Senhor Jesus Cristo, Rei do Universo.

Capítulo 1
As imagens de Jesus na história e as cristologias subjacentes

A profissão de fé revela a ação do Ressuscitado na Igreja e na história. Pela profissão de fé, notamos o esforço da comunidade crente (Igreja) em seguir Jesus Cristo e, ao mesmo tempo, relatar essa vivência às gerações futuras. A fé na ressurreição de Jesus, proclamado Cristo e Senhor (cf. At 2,36), mudou o destino do ser humano. A própria antropologia toma um novo sentido, pois Deus que ressuscitou Jesus, também nos ressuscitará por seu poder. Esta é nossa esperança! E a esperança no Deus da Vida não engana e não nos decepciona (cf. Rm 5,1-5). Os relatos da experiência de fé dos seguidores e seguidoras de Jesus de Nazaré, desde seu início, estão sempre relacionados a Jesus, que é a fonte de todas as significações, e, cada título dado a Jesus, mostra uma experiência histórica de seu seguimento. A imaginação religiosa que atuou nos primeiros cristãos e cristãs, continuou atuando, no decorrer da história, acesa pela mesma figura histórica de Jesus (cf. THEISSEN & MERTZ, 2002: 31). Cada experiência de fé no decorrer da história traz consigo uma imagem de Jesus, sempre contextualizada.

As imagens de Jesus se modificam no decorrer da história, pois manifestam a incidência que a fé tem na realidade social e, ao mesmo tempo, revelam as influências da vida vivida na fé. Deste modo, podemos analisar o valor e o limite das imagens. Elas expressam, em um determinado contexto histórico, aspectos do mistério cristão. Revelam a piedade popular como lugar de encontro com Jesus Cristo e, ao mesmo tempo, mostram o controle exercido pela instituição sobre o conteúdo das imagens que deve ser transmitido. Neste sentido, as imagens correm o risco de redução do mistério cristão, não conseguindo traduzir todo o conteúdo presente nos evangelhos. Aí reside seu limite. Mas ao mesmo tempo, as imagens se apresentam como meios apropriados para anúncio do Evangelho, na medida em que retratam para o povo, naquele contexto histórico, como seguir Jesus. Aí reside seu valor.

As imagens de Jesus revelam também as cristologias subjacentes, pois elas operam a ligação da fé com o contexto social e explicitam o modo como a Igreja se relaciona com a sociedade envolvente. Percorrendo as imagens de Jesus, no decorrer da história da Igreja, descobrimos como os cristãos e cristãs o compreendem e vivem, e como a fé cristã se envolve com as transformações que se operam na sociedade. Não há, pois, imagens perfeitas de Jesus. Cada uma delas aponta para um aspecto do mistério cristão. Importa para nós desvendar em que medida essas imagens nos ajudam a viver o seguimento de Jesus.

1 Importância da profissão de fé: "Jesus é o Cristo" (At 2,36; At 10,34-43; Jo 20,30-31; 1Jo 5,1; Fl 2,11; Rm 10,9; 1Cor 12,3; Cl 2,6; Ap 5,12; 9,22; 17,3; 18,5; 19,16)

A profissão de fé indica a importância da experiência pascal e apresenta o seguimento de Jesus como seu fruto. Estamos diante de uma *metalinguagem, uma ruptura epistemológica, um salto de qualidade, uma situação-limite*[1]. Aceitá-la é aceitar a pessoa de Je-

---

1. *"O aparecimento da linguagem religiosa numa representação de fé é de outra ordem lógica que a mensagem mesma; é o que chamamos de uma* metamensagem, *isto é, uma*

sus e seu projeto. Negá-la, é negar a pessoa de Jesus e seu projeto. Os títulos dados a Jesus pelas primeiras comunidades mostram a contradição e a oposição ocorridas no processo de sua vida e morte. Os títulos estão relacionados com a vida de Jesus e sua prática. Por isso, a reflexão cristológica já expressa pelos títulos (profissões de fé), enraíza-se na história de tal forma que o movimento das primeiras comunidades vai da prática de Jesus ao ser de Jesus e do ser de Jesus ao ser de Deus. Jesus se torna a porta de entrada para o conhecimento da Trindade, como comunhão de pessoas, como João nos apresenta em seu evangelho: *"Filipe disse a Jesus: "Senhor, mostra-nos o Pai e isso basta para nós". Jesus respondeu: "Faz tanto tempo que estou no meio de vocês, e você ainda não me conhece, Filipe? Quem me viu, viu o Pai. Como é que você diz: 'Mostra-nos o Pai'? Você não acredita que eu estou no Pai, e que o Pai está em mim? As palavras que digo a vocês, não as digo por mim mesmo, mas o Pai que permanece em mim, Ele é que realiza suas obras. Acreditem em mim: eu estou no Pai e o Pai está em mim. Acreditem nisso, ao menos por causa destas obras"* (Jo 14,8-11).

Percebemos, na profissão de fé, um enraizamento histórico e antropológico, pois há uma articulação entre Teologia e História. Por isso, podemos relacionar a Teologia e a Cristologia com a Antropologia. Desta maneira, o caminho a ser reconstruído é o do histórico ao teológico, para podermos compreender o(s) significado(s) das profissões de fé. Nesta reflexão, queremos apresentar uma chave hermenêutica e dois pequenos poemas que traduzem, simbolicamente, estas articulações que indicam que, na prática de Jesus, temos a presença do eterno na História. A encarnação apre-

---

mensagem sobre a mensagem, sobre o modo de compreendê-la, sobre o nível (cognitivo e operativo ao mesmo tempo) que essa fé alcança... A fé religiosa não consiste em transferir nossa aposta existencial de uma testemunha humana a outra, de natureza divina, como se ambos estivessem num mesmo nível e até se pudessem mesclar seus caracteres respectivos" (SEGUNDO, 1985: II/II 29).

senta este *mistério*. À luz da ressurreição, os seguidores e seguidoras de Jesus de Nazaré começam a ler sua história com um novo olhar, uma nova ótica: "*Reavivar o que experimentaram junto dele, mas desta vez à luz de sua ressurreição. Impulsionados por sua fé em Jesus ressuscitado, começam a recordar suas palavras, mas não como se fossem o testamento de um mestre morto que pertence para sempre ao passado, e sim como palavras de alguém que está "vivo" no meio deles e continua a lhes falar com a força de seu Espírito. Seus escritos não recolhem os ditos pronunciados em outro tempo por um rabino famoso, mas a mensagem de alguém ressuscitado por Deus que agora mesmo está comunicando seu espírito e sua vida às comunidades crentes que o seguem*" (PAGOLA, 2010: 529). Há um novo espírito que anima os seguidores e seguidoras de Jesus, de tal modo que Santo Atanásio (+336) afirma que a carne está "*verbificada*": "*Ele se fez homem para que fôssemos deificados; tornou-se corporalmente visível, a fim de adquirirmos uma noção do Pai invisível. Suportou ultrajes da parte dos homens, para que participemos da imortalidade*" (SANTO ATANÁSIO, 2020: 198). Ou como diria um jagunço-militante do movimento messiânico do Contestado-SC (1909-1916): "*E nos redutos havia mistério!*"

a) **Chave hermenêutica:**

Neste quadro, indicamos que toda significação tem uma base na história. Se cortarmos esta ligação, a significação começa a ganhar autonomia, "cria asas" e produz novas significações que não mais correspondem ao fato fundante. Podemos observar esta afirmação, quando, na história do povo de Israel, houve a separação da profissão de fé em Yahweh da realidade da libertação da escravidão. Como afirmam os profetas, Yahweh, quando desvinculado da caminhada de libertação do povo, acaba sendo associado a um deus que legitima a opressão. Torna-se um "baal"! A mesma observação pode ser feita em relação à significação da morte de Jesus de Nazaré. Se separada da realidade histórica vivida por Jesus de Nazaré, a intepretação "cria pernas", ganha autonomia e poderá apresentar significações que não mais correspondem aos motivos históricos de sua perseguição e morte na cruz.

Em relação ao quadro, há uma articulação entre a Teologia e a Antropologia, ou seja, toda teologia tem uma base antropológica, assumindo sempre o sentido da palavra grega (anthropos) que incorpora homens e mulheres. Da mesma forma, percebemos a ligação entre a Cristologia e a Jesuologia, ou seja, toda reflexão cristológica faz referência a Jesus de Nazaré (Jesus histórico – Jesus da História) e, se não o fizer, estará entrando por caminhos que não mais correspondem com a história de Jesus. Também quando falamos de salvação, observamos que há sempre uma articulação com processos de libertação. Caso contrário, a significação salvífica (soteria) perde sua base real.

b) Poema de D. Pedro Casaldáliga:

E o Verbo se fez carne.

"No ventre de Maria,
Deus se fez homem.
Mas na oficina de José
Deus também se fez classe."

E o Verbo se fez índio.

"O Verbo se fez carne.
O Verbo se fez pobre,
O Verbo se faz índio...
Planta entre nós
a sua maloca."

O Verbo, o Logos, se fez carne. Entrou na história. Fez-se gente! A *Gaudium et Spes* explicita muito bem sua entrada na história humana: "*Com efeito, por sua encarnação, o Filho de Deus uniu-se de algum modo a todo ser humano. Trabalhou com mãos humanas, pensou com inteligência humana, agiu com vontade humana, amou com coração humano*" (cf. *GS*, 22).

Fazemos recorrência a outros dois poemas que traduzem muito bem a ligação da encarnação com o momento histórico vivenciado por Maria de Nazaré e que toca também a entrada do Verbo, da Palavra na história humana.

c) Poema de Nancy Cardoso Pereira

> Maria tem pressa: aceitou ser mãe num tempo de império e cruzes. Jovem, grávida e solteira ela aperta o pano em volta dos ombros e pensa: "Deus está comigo, não vou ter medo".

> Maria tem pressa: a insegurança de José – um seguro pai possível – pede agilidade e ela vai ao encontro da prima Isabel. Apressadamente. Ela precisa de parceria, cumplicidade e alegria, o que só uma outra mulher, nesses casos, sabe ser. "Bem-aventuradas".

> Maria tem pressa: tece canções de ninar para o filho com palavras que rimam com derrubar, dispersar e destronar; ela cantarola o sonho apressado dos humildes, dos pobres e famintos. Deus nunca mais foi o mesmo.

> Maria tem pressa: completa os dias de gestação no tempo em que os poderosos instauram leis de morte, controle e exploração. Empurrados pelo censo ela viaja com José até Belém para cumprir as fantasias teológicas e literárias de messias esperados, mas ela sabe que o filho dela é Galileu. É pobre, preto e periférico: menino Jesus, o salvador.

Maria tem pressa: encontrar um lugar de parir menino: uma grota, um buraco, uma marquise, um banheiro, um curral, uma gruta... qualquer lugar onde Deus faz questão de nascer pobre. Ela sente as contrações que se avizinham; ela abre as pernas pra parir o novo... e viu que tudo era bom. Houve choro e placenta na primeira noite.

Maria tem pressa: precisa fugir, migrar, escapar da fúria dos exércitos de ocupação. Ela segura o menino como quem conhece a esperança e se lança nas estradas impossíveis de desertos e *checkpoints*. Ela amamenta o menino com apressadas tetas natalinas. Ela serve a ceia do Natal nela mesma: o filho é a fome e a vontade de comer; ela é o peito, o prato e a profecia de sobreviver.

O "verbo" se fez peito e migrou até nós.

Maria tem pressa: criar menino no tempo de império e cruz é sentir a dor de toda mãe de criança pobre; ela sabe que a cruz estará sempre lá, esperando pelo filho numa esquina qualquer, de uma UPP qualquer; ela não tem medo! Vai apressar o menino, acreditar no milagre – "começa a festa!" – até transformar toda dor em ressurreição: "nossos mortos tem voz", ela diz com sangue nos olhos. Mil outros filhos e filhas nascerão ali.

Mães de Maio Maria, rogai por nós nesse advento agora e na hora da longa noite apressada. Amém.

d) Poema de Rubem Alves sobre o Natal

"No silêncio da noite a criancinha chora.

– Acho que está com fome – diz a mãe.

E ela toma o próprio corpo, o seu seio, e o oferece àquele corpinho que nada conhece deste mundo, a não ser a fome. A boca, obediente à fome e à vida, suga o sangue branco, leite...

Assim, do corpo de uma mulher se alimenta o Deus-menino...

Deus com fome, Deus que morre se o corpo humano não lhe for oferecido como comida.

Primeira eucaristia, invertida, eucaristia de Natal: recebemos no colo o Deus faminto e lhe dizemos: Aqui está o meu corpo, aqui está o meu sangue. Leite materno. Vida de todas as crianças. Suga. Bebe. Mata tua a tua fome. Vive.

Natal – Deus faminto. Faminto de homens e mulheres de carne e osso. Que nós tenhamos fome de Deus é compreensível. Mas que Deus tenha fome de nós e que o seu corpo se esvazie e morra se o seio não for oferecido ao nenezinho, é ideia insólita que nos faz tremer. Somos comida para o corpo de Deus.

O Natal fala da fome de Deus, do Deus que é fome, eternamente humano, encarnado, à espera do alimento. Deus nos toma como seu sacramento.

Deus se fez homem. Natal. Comeu o nosso corpo, bebeu o nosso sangue...".

A recorrência ao estilo poético narrativo visa mostrar que o que possibilita o processo de *revelação* é a vida, a prática, a paixão, a morte e a ressurreição de Jesus. Ele é o núcleo gerador de todas as significações. Neste sentido, Ele é o Novo Moisés, como nos indica o Evangelho de Mateus. Como o Êxodo marca toda Bíblia – pois é sua célula inicial, a matriz geradora da Bíblia –, do mesmo modo, Jesus marca toda produção neotestamentária e, como nos diz a *Dei Verbum*, marca também toda a Bíblia: *"Jesus Cristo, portanto, Verbo feito carne, enviado como "homem aos homens", "profere as palavras de Deus" (Jo 3,24) e consuma a obra salvífica que o Pai lhe confiou (cf. Jo 5,36; 17,4). Eis porque Ele, ao qual quem vê, vê também o Pai (cf. Jo 14,9), pela total presença e manifestação de si mesmo por palavras e obras, sinais e milagres, e especialmente por sua morte e gloriosa ressurreição dentre os mortos e, enfim, pelo Espírito de verdade enviado, realiza e completa a revelação e a confirma, atestando de maneira divina que Deus está conosco para libertar-nos das trevas da morte e do pecado e para ressuscitar-nos para a vida eterna" (DV, 4).*

Deus se encarna para se encontrar com a pessoa humana, para entrar em comunhão. Dá a vida. É o Bom Pastor (cf. Jo 10,1-18). O humano é o lugar do encontro com Deus. Deus se encarnou para se encontrar conosco. Por isso, *"o que a teologia cristã chama de mistério da encarnação não é primordialmente a divinização do homem, mas antes de tudo, e sobretudo, a humanização de Deus... Daí a importância capital, totalmente decisiva, de um Deus que se faz homem, que se identifica com o humano. Um Deus assim, ao coincidir com o que é comum a todos os humanos, tem como primeira propriedade, como atributo essencial, como projeto base, unir a todos os humanos. Porque no humano, e somente no humano, nós podemos coincidir com Deus"* (CASTILLO, 2015: 187-188). Entretanto, ainda notamos na espiritualidade um grande esforço para *desencarnar-se* para se encontrar com Deus, negando o corpo, a corporeidade! Não podemos nos esquecer que o cristianismo é a religião do corpo! A *Gaudium et Spes* afirma que *"por Sua encarnação, o Filho de Deus uniu-se de algum modo a todo homem* (ser humano)" (*GS*, 22): *"Por sua encarnação, o filho de Deus atingiu a humanidade como tal e, mantendo com ela uma relação única e misteriosa, lhe abriu novos caminhos. Na pessoa de seu Filho, Deus adquiriu um corpo e, por este corpo, um pobre corpo humano é solidário com todos os homens. Doravante, a humanidade não é apenas uma de suas obras, mas ainda um dos elementos de seu mistério"* (ROCHA, 2018: 100). Frente à negação da humanidade de Jesus, que ocorre em muitos momentos da história da Igreja, como o docetismo que não aceita sua humanidade, negando a realidade de seu corpo, Santa Teresa d'Ávila, em seu *Livro da Vida*, nos indica a importância da humanidade de Jesus: "*Eu vejo claramente – e vi depois – que, para contentar a Deus e para que nos faça grandes dávidas, Ele (Deus) quer que seja por mãos desta Humanidade sacratíssima, em quem Sua Majestade disse que se deleita. Muitas e muitas vezes, eu vi isso por excelência. O Senhor me disse. Vi claramente que temos que entrar por essa porta, se quisermos que a Soberana Majestade nos mostre grandes segredos*" (TERESA D'ÁVILA, 2010: 202). Santa Teresa mostra que este foi o caminho percorrido por São Paulo, por São Francisco de Assis, por Santo Antonio de Pádua, por São Bernardo, por Santa Catarina de Sena. A humanidade de Jesus é o caminho que nos conduz à verdade e à vida (cf. Jo 14,6). "*Deus, para se nos dar a conhecer, humanizou-se em Jesus de Nazaré*" (CASTILLO, 2010: 238).

2 De pastor a general

Notamos que o cristianismo antigo, ao tornar-se religião oficial do Império[2], provoca um movimento de distanciamento da imagem de Jesus da vida real e de sua ligação com os pobres de seu tempo, como nos apresentam os evangelhos sinóticos. Deste modo a imagem de Jesus artesão, camponês, pastor, pobre da Galileia (cf. Mc 6,1-6; *Puebla*,190), não combina mais com a imagem de um Jesus descendente de família real, general do exército, Senhor do Mundo (Pantocrator). Percebemos esta mudança nas

---

2. "*Logicamente, a primeira ideia que ocorre a qualquer um, ao saber que os concílios foram convocados e presididos pelos respectivos imperadores e não pelos papas, é que a teologia, que se definiu nesses concílios, só pode ter sido uma doutrina condicionada pela política, relacionada com a política, aprovada pelo poder político e, nesse sentido, uma teologia política, no pior sentido que poder ter essa expressão, uma vez que, logicamente, era* a teologia que interessava ao poder político" (CASTILLO, 2010: 239).

primeiras tentativas de tradução da profissão de fé para o mundo greco-romano:

a) As controvérsias cristológicas revelam a preocupação com os conceitos abstratos oriundos da filosofia grega e que são incorporados às profissões de fé. Aos poucos, esta nova linguagem vai distanciando a imagem de Jesus da vida concreta e do cotidiano das pessoas. Considerando que a Igreja que passou de perseguida a uma Igreja privilegiada, compreendemos que a influência do poder imperial vai pesar muito na hora de definir doutrinas teológicas e na definição de normas religiosas (cf. CASTILLO, 2010: 241). As afirmações básicas da fé cristã foram elaboradas não em categorias históricas (como nos apresentavam os evangelhos), mas em categorias metafísicas que se distanciavam dos acontecimentos históricos relacionados com a vida e a morte de Jesus de Nazaré.

b) A partir do Edito de Milão (313), com Constantino, notamos um confronto entre

JESUS CRISTO X IMPERADOR para se saber quem era a imagem (είκων) de Deus. E ao lado deste confronto, iniciava-se um outro entre a

IGREJA X IMPÉRIO para ver quem é que detinha o poder!

Nestes confrontos, aos poucos, se opera um processo de assimilação mútua, atribuindo a Jesus e à Igreja expressões que são mais apropriadas ao poder do imperador e do Império. Em A. Gramsci assim se expressa essa tendência: *"Como consequência da Aliança Império-Igreja, esta herda as atribuições religiosas do imperador. Depois da queda do Império, o papa herdará a tradição do culto im-*

perial" (PORTELLI, 1982: 53). Desta forma, nasce uma nova imagem de Jesus.

c) Nova Imagem de Jesus, o Pantocrator: Poderosa e mantenedora do *status quo*, confirmando o poder cada vez maior da Igreja, sobretudo na Idade Média com o Feudalismo. Porém, para as camadas populares, apresenta-se, de modo cada vez mais intenso, a imagem do Senhor Morto, identificado com o sofrimento do povo e com um sentimento de resignação, mesclado de fatalismo.

3 Imagens de Jesus na história do Brasil[3]

Sem a pretensão de esgotar o assunto, queremos apontar para algumas características das imagens de Jesus, lembrando sua ligação com as devoções populares e que a ênfase em uma dada imagem não significa o abandono das imagens anteriores, podendo haver uma coexistência de imagens, explicitando aspectos quer divergentes, quer convergentes. Orientando-nos pela reflexão de R. Azzi, queremos ressaltar que *"essas imagens não surgem isoladamente, mas se inserem dentro de um contexto eclesial mais amplo, ou seja, elas expressam também a evolução histórica da própria Igreja... Estão articuladas direta ou indiretamente com as transformações socioeconômicas e políticas do país"* (AZZI, 1986: 216). As imagens expressam, pois, a piedade popular, mas manifestam também seus vínculos com a própria instituição eclesial e com a sociedade na qual o povo está inserido. Seguindo os diferentes períodos da história do Brasil, vamos apontar as diferentes devoções com os prin-

---

3. Vamos nos deixar orientar pelas reflexões de AZZI,R., *"A Teologia no Brasil. Considerações históricas"*, em *História da Teologia na América Latina*, São Paulo, Paulinas, 1981, pp. 21-43 e *"Do Bom Jesus Sofredor ao Cristo Libertador: Um aspecto da evolução da teologia e espiritualidade católica no Brasil"*, em *Persp.Teol.*, 18 (1986), pp. 215-233 e *Persp.Teol.*, 18 (1986), pp. 343-358.

cipais títulos dados a Jesus, ressaltando as teologias e cristologias aí presentes.

3.1 Teologia e cristologia no Período Colonial (1500-1759): O Bom Jesus Sofredor

Estamos em pleno período em que domina o sistema latifundiário e escravocrata (Senhores X Escravos – Casa Grande X Senzala). Notamos, nesse período, três teologias, com três cristologias subjacentes:

a) Teologia e cristologia da Cristandade: A afirmação fundamental é a de que *fora da Igreja não há salvação*! Por essa razão, índios e negros devem assumir os valores, usos, costumes da *civilização lusa*. É o processo da colonialidade!

b) Teologia e cristologia do desterro: Propõem a "fuga do mundo" e têm uma visão negativa da realidade, buscando justificar o *status quo*. É deste período a oração da *Salve Rainha*: "*Depois deste desterro, mostrai-nos Jesus...*"!

c) Teologia e cristologia da Paixão: A imagem preponderante é a do Bom Jesus Sofredor (Imagem 1) com insistência na Paixão e Morte de Jesus. Ressaltam-se, nesta devoção, os momentos dolorosos da vida de Jesus:

Flagelação: Bom Jesus da Cana Verde ou da Pirapora-Iguape (Imagem 2).

Caminho do calvário: Senhor dos Passos.

Crucificação: Senhor do Bom Fim (Salvador – Bom Jesus da Lapa-BA).

Morte e sepultamento: Senhor Morto.

Imagem 1: Jesus flagelado

Imagem 2: Devoção popular do Bom Jesus

Entretanto, se considerada do ponto de vista da classe dominante, observamos que, mesmo crucificado, a imagem de Jesus revela o controle das elites, pois Jesus é apresentado como:

a) Branco e que pertence ao mundo dos brancos.

b) Alguém que sofre como herói, não como pobre.

c) Aristocrático e pertencente ao mundo da *Casa Grande*[14]

Trazida pelos colonos portugueses, a imagem de Jesus Sofredor tem muito a ver com os obstáculos que deviam enfrentar: viagens, doenças, pestes, animais ferozes. Está também ligada à profissão de fé, ao credo: "*Padeceu sob Pôncio Pilatos, foi crucificado, morto e sepultado*". A paixão de Jesus deveria servir de estímulo para que as pessoas se colocassem em seu seguimento: "*Toda espiritualidade da devoção ao Bom Jesus gira ao redor dos temas: Paixão e Compaixão. Cristo não é apenas um sofredor da paixão, mas através dele manifesta a sua compaixão pelo povo. A espiritualidade católica tradicional também se desdobra nessas duas dimensões: de um lado aceitar pacientemente o sofrimento, a paixão da vida terrena, e por outro lado manter sempre uma atitude compassiva para com o sofrimento alheio, ou seja, a solidariedade nos momentos de dor e de aflição. Tais sentimentos ainda são muito típicos entre o povo mais despojado de bens materiais e culturais em nossa sociedade brasileira*" (AZZI, 1986: 220-221).

- Na mente do povo o drama da Paixão na Semana Santa não é apenas encenação, mas é revivido realmente.

- Pregação católica tradicional coloca ênfase no fato de que a Paixão de Jesus deveria servir de estímulo para as pessoas aprenderem a suportar os sofrimentos e as dificuldades da vida.

- Aceitação do sofrimento pessoal e solidariedade para com os outros que sofrem.

---

4. Cf. VV.AA. *História da Igreja no Brasil*. Tomo 2. Petrópolis: Vozes, 1997, pp. 345-346.

Imagem 3: Jesus carregando a cruz ou Senhor dos Passos

Imagem 4: Passagem da Via Sacra que retrata Jesus carregando a cruz

Presente em oratórios domésticos, cruzeiros e vias-sacras (Imagem 3 e 4), a devoção ao Bom Jesus era incentivada, sobretudo, pelas confrarias e irmandades, tendo, pois, uma presença maior de homens (AZZI, 1986: 217).

3.2 Teologia e cristologia na época da independência (1759-1840): Uma nova imagem de Jesus, sem um rosto definido e sem enraizamento popular

Com os ideais emancipatórios trazidos de modo especial pelos jovens que iam estudar na Europa, nota-se, no Brasil, nesse período, a tentativa de se apresentar uma nova imagem de Jesus, articulada com uma:

a) Igreja nacional: Caracterizada por um forte liberalismo, tentando quebrar a dominação quer religiosa, quer política.

b) Participação política: Tenta-se evitar que a religião continuasse a ser utilizada como instrumento de dominação. Há uma aproximação entre fé católica e libertação do povo brasileiro.

c) Ideal de liberdade: A luta pela liberdade tem, como pressuposto, a negação da teologia tradicional que garantia o caráter sagrado do poder monárquico.

Essa tentativa de construir uma imagem *libertadora* de Jesus não ultrapassou os limites da intelectualidade e teve pouco ou quase nenhum enraizamento popular. Por isso, essa imagem de um Jesus *libertador* não vingou nesse período (AZZI, 1981: 26-30).

3.3 Teologia e cristologia na Reforma Católica (1840-1920): O Sagrado Coração de Jesus

Esse período entre 1840 e 1920 é conhecido com o nome de Reforma Católica. Sua preocupação maior é construir um modelo de Igreja hierárquico, baseando-se no modelo tridentino. Afirma-se a existência de duas sociedades perfeitas e distintas entre si: "*De um lado está o Estado ou sociedade civil, e, do outro, a Igreja ou sociedade eclesiástica. Ao Estado compete cuidar dos interesses temporais dos homens, ou seja, dos aspectos políticos e socioeconômicos; à Igreja fica reservada a missão de ocupar-se da vida espiritual das pessoas, ou seja, dos aspectos religiosos. Em outras palavras, o Estado cuida do corpo, a Igreja zela pela alma"* (AZZI, 1981: 31).

a) Teologia e cristologia do poder espiritual

A Igreja busca defender sua liberdade e plena autonomia frente ao Estado. Estabelece-se uma ação dupla entre Igreja e Estado.

IGREJA	VIDA ESPIRITUAL	ALMA
X	X	X
ESTADO	INTERESSES TEMPORAIS	CORPO

b) Teologia e cristologia do mérito

Com a presença do espírito mercantilista introduzido pela Revolução Comercial, a teologia do mérito, que também acaba influenciando a cristologia, é uma resposta católica à mentalidade burguesa do capitalismo mercantil. Nesta perspectiva, *"a teologia ascética passa a enfatizar que existem dois tipos de atividade no mundo: a atividade política e econômica, de significado passageiro, e a atividade espiritual, de valor eterno, através do qual se obtém os verdadeiros lucros, ou seja, os méritos para o céu"* (AZZI, 1981: 33).

ÊXITO COMERCIAL	BURGUESIA	LUCRO
ÊXITO ESPIRITUAL	CRISTÃOS	CÉU

O verdadeiro valor é a salvação eterna. Por isso o ato de contrição afirma: *"Pesa-me, Senhor, por ter perdido o céu e merecido o inferno"*.

c) Teologia e cristologia da reparação

Estamos no período de introdução de novas devoções a partir dos religiosos europeus. Os santos populares são substituídos por novos protetores trazidos pelos missionários: Nossa Senhora do Perpétuo Socorro, devoção ao Sagrado Coração de Jesus (Apostolado da Oração). Com a perda dos Estados Pontifícios, acentua-se uma visão maniqueísta do mundo. Esta visão acaba sendo expressa na Devoção ao Sagrado Coração de Jesus, apresentando um Jesus Prisioneiro do sacrário e a contínua necessidade de reparação frente ao mal do mundo. Insiste-se na *"responsabilidade pessoal de cada cristão no desígnio salvífico de Deus, ao mesmo tempo em que se ressaltava a necessidade de reparar com obras espirituais os pecados cometidos pelos hereges e maus cristãos"* (AZZI, 1986: 223).

Embora a devoção e a imagem do Sagrado Coração (Imagem 5) estejam ligadas à Paixão de Cristo, com o coração traspassado pela espada, a ênfase maior é dada em sua ligação com a Eucaristia. O controle da devoção e da imagem do Sagrado Coração de Jesus fica com os padres e religiosos, sendo as mulheres os membros mais numerosos das novas associações (cf. AZZI, 1986: 223-224)[5].

Imagem 5: Devoção ao Sagrado Coração de Jesus

---

[5]. *"O Bom Jesus sofredor era um símbolo do povo, o qual com ele se identificava. O Coração de Jesus que sofre é o símbolo da Igreja como poder espiritual, é o símbolo da hierarquia eclesiástica antiliberal, e na obra de reparação se destacam especialmente os católicos de mentalidade ultramontana"* (AZZI, 1981: 35).

3.4 Teologia e cristologia na Restauração Católica (1920-1960): Cristo Rei

Notamos nesse período um confronto entre uma prática que busca uma articulação Igreja-Povo e uma prática que visava, através de dirigentes e leis católicas, levar a Igreja ao poder. Neste sentido, notamos três características desse período:

a) Teologia e cristologia da Neocristandade: Nota-se uma "guerra" contra os inimigos da fé: protestantes e espíritas. Insiste-se que o Brasil é *"a maior nação católica do mundo".* Isto está expresso no hino do Congresso Eucarístico de Recife (1939*): "Creio em ti, hóstia santa, até a morte! Quem não crê, brasileiro não é"! (AZZI,1981: 37).*

b) Teologia e cristologia da ação católica: Insistência na formação de católicos praticantes, comprometidos com a hierarquia; leigos vistos como o braço direito da hierarquia. Mas mesmo com a presença dos leigos, *"continua-se a dar forte ênfase para que os cristãos todos, clérigos e leigos, se alinhem como soldados de Cristo, em ordem unida, sob o comando do papa, chefe supremo da Igreja e representante visível de Cristo. Desse modo, paralelamente à devoção a Cristo Rei, desenvolve-se também a chamada "devoção" ao papa. Nos hinos compostos e divulgados nesse período, a ênfase nessa tônica militar da Igreja transparece claramente. O canto do Apostolado da Oração inicia-se com estes versos: "Levantai-vos soldados de Cristo. Sus correi! Sus voai à vitória. Desfraldando a bandeira de glória o pendão de Jesus Redentor... E os congregados marianos, por seu turno, cantavam com entusiasmo: "Do Prata ao Amazonas, do mar às cordilheiras, cerremos as fileiras, soldados do Senhor". Esse tipo de espiritualidade era acolhido especialmente por seminaristas e es-*

tudantes de colégios católicos, e por leigos ligados mais diretamente à instituição eclesiástica, como os membros da Ação Católica" (AZZI,1986: 349).

A grande missão dos membros da Ação Católica é restaurar o *Reinado de Cristo* no lar, na escola, na imprensa, no eleitorado, na legislação do país. O sonho é o de restaurar a sociedade cristã medieval, construindo uma nova Cristandade.

c) Teologia-cristologia da Realeza: A figura do Cristo-Rei (Imagem 6 e 7) é o ponto culminante da neocristandade. Ele é apresentado como o *Rei* da sociedade brasileira. O grande sinal é a imagem do *Cristo do Corcovado* (1936), com seu grande olhar sobre a cidade[6]!

Imagem 6: Cristo Rei

---

6. Para uma visão mais crítica desta imagem cf. MARASCHIN, J.C. "*A imagem de Cristo nas camadas populares*", em *Religião e catolicismo popular*, Studium Theologicum, Curitiba, 1977, pp. 177-203 e BOFF, L. *Brasas sob cinzas: Estórias do anticotidiano*, Rio de Janeiro/São Paulo: Record, 1996, pp. 101-121.

Imagem 7: Devoção a Cristo Rei

A imagem de Cristo Rei baseia-se mais no Cristo Ressuscitado e glorioso, e volta a atrair preferencialmente os homens, envolvidos nas associações ligadas à Ação Católica. Mesmo estando intimamente vinculada ao modelo de Igreja hierárquica, valorizando a instituição eclesiástica, o magistério e a Santa Sé, com esta imagem, abre-se um espaço para a ação dos leigos: "*A necessidade de reafirmar a presença de Cristo no mundo trazia necessariamente como consequência uma preocupação maior com as questões de natureza política e social. Daí a necessidade de maior abertura para o laicato católico*" (AZZI, 1986: 348). Surgem, a partir da imagem de Cristo Rei, uma espiritualidade de caráter mais laical e um espaço para os leigos na Igreja.

3.5 Reconstruindo a imagem humano-histórica de Jesus (1960-2020): Jesus Cristo Libertador

Com a entrada de setores da(s) Igreja(s) cristãs no campo social e político e com o surgimento das Comunidades Eclesiais de

Base (CEBs) e das pastorais sociais, nota-se um novo processo de reconstrução da imagem "despedaçada" de Jesus. Os pobres fazem sua "irrupção", afirmando que querem ter o direito de viver e de pensar. Surge deste processo a Teologia da Libertação, na qual o pobre ganha centralidade. Mais recentemente, devido à entrada do neoliberalismo, o excluído ganha destaque na reflexão teológica e cristológica, devido ao processo de exclusão que tomou conta de toda a América Latina. Ao lado desta realidade de exclusão, também a inculturação ganha corpo (Imagem 7), na medida em que a sociedade de hoje está se tornando cada vez mais plural e o respeito à diversidade cultural e étnica é uma de suas marcas. Neste novo contexto histórico, trabalha-se melhor a questão do ecumenismo e do diálogo inter-religioso. A figura de Jesus também vai assumindo novos contornos. A presença do Papa Francisco tem reforçado a ligação da fé com a vida em todas as suas dimensões, indicando que a Igreja deve ser uma Igreja em saída (cf. *Evangelii Gaudium*, 49) e que se preocupe com a vida das pessoas e também com o cuidado da natureza (*Laudato Si'*, 49, 240).

Imagem 8: Imagem de Jesus em perspectiva latino-americana

Fonte: Ilustração de Luís Henrique Alves (imagem cedida pelo artista)

a) Valorização da prática histórica de Jesus: Jesus é visto de forma articulada com os movimentos populares de defesa da vida e das tradições do povo na Palestina do I Século.

b) Sua morte é vista com consequência de sua prática histórica: Com isto opera-se um distanciamento em relação ao poder. É o poder econômico, político e religioso que mata Jesus! Trabalha-se mais a significação política da morte de Jesus e sua influência na prática dos cristãos e cristãs.

c) Valorização do Reino: Mesmo insistindo na dimensão do *já e ainda não*, aponta-se para o valor de suas *antecipações* que acontecem na história dos pobres e excluídos. O Reino vem sempre com sua marca de *utopia,* mostrando que se deve pensar o impossível, para que o possível possa acontecer. Buscar o inédito viável (cf. Paulo Freire). Pensar o céu para reconstruir a terra! Exatamente o contrário da afirmação dos neoliberais: "Quem quer o céu na terra, cria o inferno"! O Reino é trabalhado de forma articulada com a evangelização, a libertação e a inculturação (cf. *EN*, 30-31; *EG*, 176; 115-117), retomando a intuição presente na *Gaudium et Spes*: *"As alegrias e as esperanças, as tristezas e as angústias dos seres humanos de hoje, sobretudo dos pobres e de todos os que sofrem, são também as alegrias e as esperanças, as tristezas e as angústias dos discípulos de Cristo. Não se encontra nada verdadeiramente humano que não lhes ressoe no coração»... Portanto, a comunidade cristã se sente verdadeiramente solidária com o gênero humano e com sua história"* (*GS*, 1).

d) Jesus é apresentado como "Testemunha Fiel": A exemplo dos que em nossa história recente entregam e entregam a vida em defesa dos pobres, excluídos, Jesus é apresentado como o Profeta--Mártir, aprovado por Deus pela sua ressurreição (At 2,36).

e) Imagem de Jesus nos cantos das Cebs:

- Os cantos retratam a realidade do povo sofrido, oprimido, excluído, ligando-a à figura de Jesus e de sua realidade histórica na Palestina do I século.

- Procuram desmontar a Ideologia Dominante, como Jesus de Nazaré indica a seus seguidores e seguidoras (cf. Mc 2,1-3,6; 8,22-10,52).

- Propõem uma nova prática em vista da construção de um novo projeto de sociedade economicamente justa, politicamente democrática, socialmente igualitária, culturalmente pluralista, ecologicamente integral, como marcas da presença do Reino de Deus na história humana.

- Retomam a sabedoria dos povos autóctones marginalizados pelos poderes coloniais, assumindo *o Bem-Viver e do Bem--conviver* (*Sumak Kawsay dos Povos Andinos*) e a *Busca da Terra Sem Males (Ybymará-éyma)* dos indígenas do Brasil.

- Assumem a conflitividade vivendo a mística do conflito: A prática histórica de Jesus tem muita influência sobre esta espiritualidade.

Perguntas

1) Entre o nível histórico e o da significação teológica, há o evento da ressurreição. Por outro lado, os títulos cristológicos são atributos pós-pascais, que remetem à pessoa histórica de Jesus. Estabeleça a relação entre história e teologia na compreensão do Jesus histórico e o Cristo da fé.

2) *"Uma das formas clássicas de captar a divindade foi sempre através das manifestações do poder do Estado [...] e este necessita de um elemento ideológico integrador da sociedade, e na Antiguidade este foi explicitamente a religião"* (SOBRINO, 2000: 370). Explique a substituição da imagem de Jesus de Mc 6,1-6 pela imagem do Pantocrator na elaboração de uma religião política para o Império Romano.

3) O humano é o lugar do encontro com Deus. A partir desta afirmação analise este pequeno poema de D. Pedro Casaldáliga: *"No ventre de Maria Deus se fez homem, mas na oficina de José, Deus também se fez classe"*.

4) Analisar as imagens de Jesus subjacentes aos textos das Conferências Gerais do Episcopado Latino-Americano em Puebla (31-39), em Santo Domingo (178-179) e em Aparecida (391-398, 402).

5) O ponto de partida para reconstruir o rosto de Jesus deve ser a prática da comunidade cristã. Como compreender a profissão de fé como momento teórico da prática eclesial?

Capítulo 2
O motivo da encarnação: Jesus Cristo, Filho de Deus Salvador

A encarnação é um dos mistérios centrais de nossa fé. No decorrer da história do cristianismo, desde as primeiras comunidades cristãs até nossos dias, a pergunta pelo sentido da encarnação sempre desafiou as seguidoras e seguidores de Jesus Cristo. É possível Deus se encarnar? Como Ele se encarnou na nossa história? Como o eterno pode se relacionar com o histórico? Por detrás de toda reflexão cristológica, vamos encontrar sempre uma questão antropológica, pois ao pensarmos o ser humano, estamos pensando Deus e, ao pensar Deus, estamos pensando o ser humano. A nossa compreensão é sempre a partir de nossas categorias históricas. Pensamos a partir de uma visão antropotópica. Esta é a nossa possibilidade de conhecimento: *"Tudo o que os humanos podemos saber ou que podemos dizer, somente podemos saber ou dizer a partir de nossa experiência e de nosso conhecimento. Mesmo quando pensamos que estamos falando do transcendente, na realidade não saímos da imanência"* (CASTILLO, 2015: 236).

Há sempre uma interação entre cristologia e situação histórica, pois Jesus Cristo é apresentado como aquele que se torna a explicação última da existência, da história e do universo. Deste modo, quando há mudanças filosóficas, culturais, existenciais, econômicas, ecológicas, haverá mudança na compreensão da cristologia:

"Quando falamos de crenças religiosas, de temas relacionados com a religião, com o sobrenatural, com o divino e com Deus, é imprescindível ter sempre muito presente que falamos de tudo isso – para todos os efeitos – a partir de nossa condição humana. E, portanto, falamos sempre limitados e condicionados pelo que realmente somos. Todos nós somos nada mais nada menos que seres humanos, com o que isto supõe e comporta de genialidade e grandeza, obviamente. Melhor dizendo: o que a condição humana comporta, com todas as suas limitações. Somos sempre o que realmente somos: simplesmente seres humanos" (CASTILLO, 2017: 13).

Na busca do sentido de Jesus para nós, surgem as perguntas sobre o sentido da vida, da morte, da liberdade, do amor, da justiça, da vida no planeta, do nosso relacionamento com o universo. A cristologia busca mostrar como Jesus Cristo pode responder a tais questões, abrindo perspectivas para que o seguimento de Jesus se torne operante no interior da história humana. Para a busca deste sentido e para não reduzirmos a cristologia à soteriologia, devemos refazer o caminho trilhado pelas primeiras comunidades cristãs que orientaram sua reflexão em duas direções: a história de Jesus e a situação concreta das comunidades. Desta forma, nós devemos olhar a realidade concreta em que vivemos e a partir dela repensar a proposta de Jesus para os nossos dias. Devemos levar a sério, nesta nossa busca, que Jesus de Nazaré foi, é e continuará sendo a fonte de todas as significações.

1 Importância dos títulos

A associação dos títulos – Filho de Deus, Salvador, Redentor, Resgatador, Expiação, Satisfação, Libertador –, na pessoa de Jesus (= confissão de fé), indica a importância que a *divindade de Jesus e sua significação têm para nós* (cf. Mc 1,1; Mt 9,35-36; At 2,36; Lc 1,46-56; Jo 20,30-31; 1,1-18).

No *Credo Niceno-constantinopolitano*, podemos observar o sentido da encarnação: *"Por causa dos homens-mulheres (αντηροποσ) e por nossa salvação, desceu dos céus"*[7]. A questão soteriológica, isto é, a questão da salvação, é uma pergunta que vem de dentro do humano: das estruturas fundamentais do humano; isto é, do coração humano. O humano compreendido como ponto de partida da descoberta e organização do sentido das coisas (cf. GEBARA, 1988: 259-262). Isto porque:

a) Nem tudo depende do ser humano para existir.

b) Mas depende do ser humano dar sentido humano às coisas: *"Nós humanos somos humanos porque possuímos uma capacidade simbólica, e somos capazes de expressar nossas experiências simbólicas, coisa à qual não têm acesso o resto dos viventes"* (CASTILLO, 2017: 21).

A questão da salvação é, pois, em primeiro lugar uma questão antropológica, pois *"é no humano que encontramos o divino"* (CASTILLO, 2015: 288) e nos conduzirá inevitavelmente à pergunta cristológica fundamental: Como Jesus Cristo parece ser a resposta de salvação para o ser humano, homem e mulher e, de modo especial, para os pobres, os excluídos?

A partir desta ótica, podemos compreender que, na elaboração cristológica, no decorrer dos tempos, aparecem os diferentes temas ligados e relacionados com o sentido último da existência humana e da história. Em torno da pessoa de Jesus vai girar o sentido das realidades limites do homem-mulher: O sentido da vida, do amor, da liberdade, da transcendência, da verdade, da justiça, do pecado do mundo, do trabalho, do capital, da ecologia, das multinacionais... Em outras palavras, *Jesus, para ser a explicação global, deve dar resposta a todos estes problemas!* Mas surgem, nes-

---

7. DENZINGER,H. *Enchiridion Symbolorum: Definitionum et Declarationum de Rebus Fidei et Morum*. 30 ed. Barcelona: Herder, 1955, n. 86.

te momento, três grandes suspeitas, levantadas por Jon Sobrino e que devemos levar em consideração[8]:

a) Cristo como sublime abstração.

Ocorre, nesta suspeita, a separação do Cristo total da história concreta de Jesus de Nazaré. Insiste-se no *CRISTO-AMOR,* pregando a neutralidade diante das desigualdades. Fala-se do *CRISTO-PODER*, realizando-se com isso a sacralização do poder político e econômico.

b) Cristo como reconciliação universal

Nesta suspeita, o que é verdade escatológica se faz passar, sem mais, como verdade histórica. Perde-se a dialeticidade; apagam-se os conflitos históricos e se apresenta um Jesus das bem-aventuranças separado do Jesus das maldições. Apresenta-se um Jesus que ama a todos, sem mostrar seu amor preferencial pelos pobres. Fala-se da morte de Jesus em favor dos homens, para libertá-los de seus pecados e se escondem as causas históricas de sua morte. Tal postura tem repercussões no presente da história latino-americana: Como pensar a reconciliação depois de mais de meio milênio de opressão sobre os povos indígenas, afrodescendentes, mulheres? Pode-se pensar em reconciliação sem se pensar num processo de reconhecimento da culpa, da mudança de sociedade e de restituição da dignidade de todos os excluídos e violentados na América Latina e no Caribe? Não se pode falar de reconciliação se não superarmos o processo de colonialidade[9] que nega as subjetividades

---

8.Cf. SOBRINO, J. *Cristologia a partir da América Latina. Esboço a partir do Seguimento do Jesus Histórico.* Petrópolis: Vozes, 1983, pp. 13-24; *Jesus, o Libertador. I. A História de Jesus de Nazaré.* Petrópolis: Vozes, 1994, pp. 25-41.

9. Cf. MENDOZA-ÁLVAREZ, C. *"Decolonialidad como práxis desde las víctimas y sus resistencias"*, em CESAR KUSMA & CARNEIRO FE ANDRADE, P.F. (Orgs.). *Decolonialidade e práticas emancipatórias: Novas perspectivas para a área de Ciências da*

dos indígenas, dos negros, das mulheres, que não respeita as autonomias territoriais e culturais e que não reconhece o pluralismo cultural com seus saberes que surgem de seus modos próprios de vida e de convivência, como já nos alertava o Documento de Santo Domingo, ao afirmar que *"a América Latina e o Caribe configuram um continente multiétnico e pluricultural. Nele convivem, em geral, povos aborígenes, afro-americanos, mestiços e descendentes de europeus e asiáticos, cada qual com sua própria cultura que os situa em sua respectiva identidade social, segundo a cosmovisão de cada povo".*

c) A absolutização de Cristo

Estamos diante de uma redução personalista da fé cristã e tal postura acaba negando as mediações históricas, onde o divino preenche ideologicamente a carência das massas populares oprimidas e desfigura sua carência real. Assume-se uma concepção a-histórica e diante do absoluto que se possui, acaba-se desprezando a própria história. Jesus é apresentado como a solução para todos os problemas, mas sem a utilização das mediações históricas (cf. SOBRINO, 1983: 14-17).

2 Valor da presença de Jesus na história

Como a busca de sentido da vida e da história se articula em torno da pessoa de Jesus, surge na elaboração cristológica o porquê

Religião e Teologia. São Paulo: Paulinas, pp. 13-28. Cf. RANGEL, L.H. *"O direito de ser indígena",* em *Op. cit.,* pp. 55-64. O papa Francisco em sua *Carta Encíclica Fratelli Tutti* afirma que o processo de reconciliação não pode ser visto como algo desvinculado da realidade histórica, pois *"não é possível decretar uma "reconciliação geral", pretendendo encerrar por decreto as feridas ou cobrir as injustiças com um manto de esquecimento. Quem se pode arrogar o direito de perdoar em nome dos outros?"* (FT, 246)... *"Hoje é fácil cair na tentação de voltar página, dizendo que já passou muito tempo e é preciso olhar para diante. Isso não, por amor de Deus! Sem memória, nunca se avança; não se evolui sem uma memória íntegra e luminosa. Precisamos de manter "viva a chama da consciência coletiva, testemunhando às sucessivas gerações o horror daquilo que aconteceu", que assim "aviva e preserva a memória das vítimas, para que a consciência humana se torne cada vez mais forte contra toda a vontade de domínio e destruição"* (FT, 249).

da presença de Jesus Cristo na história. Para compreendermos esta perspectiva, temos que levar em consideração os seguintes pontos:

a) Cristologia e contexto sócio-histórico

Toda cristologia se desenvolve dentro de uma determinada situação histórica, articulando-se com as diferentes aspirações históricas e também com as diferentes mediações: *"Esta interação entre cristologia e nova situação pode ocorrer em vários níveis que se relacionam mutuamente: no nível intrateológico (como resposta à insatisfação de uma determinada cristologia, por exemplo, a escolástica); no nível filosófico (em reação crítica ou positiva a novos movimentos filosóficos, como o existencialismo, evolucionismo, personalismo, marxismo); no nível cultural (em reação crítica ou positiva ao ambiente cultural, que pode ser sacral, secular); no nível da própria realidade (diante de situações concretas estruturadas, como o Terceiro Mundo, a sociedade de consumo, países socialistas)... Notemos, de passagem, que se pode constatar historicamente se o nível situacional de discussão foi meramente o teológico, filosófico ou cultural, é porque a cristologia se orientou, preferentemente, para o Cristo ressuscitado, como expressão simbólica de uma visão da realidade que a explica e integra; enquanto que, quando o nível de diálogo foi o contato com a própria realidade, é porque a cristologia se dirigiu, espontaneamente, para a figura do Jesus histórico"* (SOBRINO, 1983 : 354-355).

b) Buscar o sentido de Jesus para nós

Os evangelhos nos relatam a significação da vida e morte de Jesus. Por isso, ao buscarmos o sentido de Jesus para nós hoje, devemos considerar os seguintes pontos[10]:

10.Cf. SOBRINO, J. *Op. cit.*, p. 360. Cf. tb. SEGUNDO, J.L. *A história perdida e recuperada de Jesus de Nazaré: Dos sinóticos a Paulo.* São Paulo: Paulus, 1997, pp. 136-141.

- As tensões internas presentes na tradição doutrinal da cristologia e que devem ser tratadas de acordo com seu contexto sócio-histórico, buscando, em cada momento histórico, descobrir o que é normativo na vida de Jesus (ou seja, o que nunca poderá ser deixado de lado), o que é paradigmático (relação aos evangelhos) e o que é conjuntural (próprio de um determinado momento da história com sua explicação relacionada a este contexto). A partir desta análise, poder-se-á compreender a generalização antropológica apontando Jesus como significativo para o ser humano.

- A pesquisa histórica sobre Jesus (investigação histórica) exige falar sobre Ele *"com sentido, fidelidade e relevância"* (cf. SEGUNDO, 1985, II/1: 61), pois *"uma cristologia que passe por cima do Jesus histórico se converte em abstrata e por isso, em princípio, manipulável e, historicamente, alienante"* (SOBRINO, 1983: 360). O Jesus histórico, sua pessoa, doutrina, fatos e suas atitudes são o ponto de partida da reflexão cristológica, enquanto são acessíveis para a investigação histórica e exegética (cf. SOBRINO, 1983: 27).

- O fato de que é o próprio Jesus histórico que coloca a cristologia em crise, impedindo a manipulação da significação de Jesus em uma cristologia abstrata e alienante, abrindo caminho para se fazer uma problematização atual da presença de Jesus na vida da Igreja e da sociedade.

a) Metas para uma cristologia significativa:

1ª) Uma cristologia eclesial

Já no Novo Testamento, notamos várias cristologias, todas elas articuladas com a vida das comunidades. Isto demonstra o íntimo relacionamento entre cristologia e eclesiologia desde suas origens. Ao falarmos de uma cristologia eclesial, queremos dizer que a cristologia pretende ser eclesial no sentido de refletir a vida e a práxis de nossa comunidade eclesial na América Latina e Caribe. Não se nega a cristologia eclesial, isto é, a cristologia baseada em documentos do magistério conciliar e papal da Igreja. Insiste-se, porém, em que tais documentos refletem uma vivência que é relatada e que serve como ponto referencial e paradigmático, mas sempre como momento segundo daquilo que de eclesial existe em toda cristologia.

2ª) Uma cristologia histórica

Parte-se da afirmação de fé que esse Cristo é o Jesus da História. Não se trata de uma reflexão sobre os dogmas cristológicos, mas em percorrer o caminho que torna possível a formulação de tais dogmas. Neste sentido, queremos relembrar que é a história de Jesus e sua pessoa que explicam os títulos e não os títulos que explicam Jesus. Não pode haver uma cristologia de Cristo sem a história de Jesus de Nazaré. Trata-se de levar a sério a humanidade de Jesus como caminho de entrada ao mistério de Deus: *"Segundo os sinóticos, o central e determinante na vida, na atividade e nos ensinamentos de Jesus, está em sua profunda humanidade e em sua profunda proximidade com os que sofrem na vida"* (CASTILLO, 2017: 86).

A própria evolução da consciência teológica de Jesus é compreendida articuladamente com sua consciência histórica, forjada na prática e em meio aos conflitos. Desta maneira, para compreendê-lo, devemos fazer *"um estudo da pessoa de Jesus, cuja consciência se desenvolve não automaticamente, mas em relação a sua práxis e conflitividade reais. Significa [...] afirmar o mesmo processo de evolução dentro do mesmo Jesus e isto não só em níveis normais de desenvolvimento de todo homem, mas também em nível de dimensão teologal; quer dizer, em sua relação com o Pai. Significa conceber o*

Jesus histórico como a história de Jesus e conceber o Filho como a história de sua filiação[11].

3°) Uma cristologia trinitária

Isto requer levar a sério que o próprio fazer teológico é trinitário. Neste sentido, a reflexão sobre Jesus é teológica, pois o Pai é o referencial último e Jesus o mantém como o mistério último. A reflexão sobre Jesus é cristológica, na medida em que Jesus é a revelação do Filho (verdade), o modo correto de como corresponder com o Pai (vida) e o modo correto de como chegar ao Pai (caminho)[12]. Finalmente, a reflexão sobre Jesus é pneumatológica, pois somente dentro de uma vida segundo o Espírito de Jesus é que se pode captá-lo como Filho e como chegar ao Pai. Estamos diante da condição epistemológica da própria cristologia: o seguimento de Jesus no Espírito é a condição de possibilidade de uma epistemologia cristológica. Neste sentido, o enfoque trinitário não é um tema a ser introduzido na cristologia, mas o fazer cristológico seria impossível fora da realidade trinitária, pois:

a) O Pai é visto como o horizonte último da realidade: *"Para o próprio Jesus é fundamental manter o mistério do Pai e sustentar que o Pai é o mistério último; por isso, para a reflexão sobre Jesus, é fundamental também conservar este mistério e não pensar que com Jesus e com a aproximação de Deus que nele acontece o Pai deixou ser o Deus sempre maior, o último horizonte da existência e da história dos homens"* (SOBRINO, 1983: 21).

---

11. SOBRINO, J. *Op. cit.*, pp. 20.

12. *"Eu sou o método para unir teoria e práxis"* (Fessard), citado por BOFF, Cl. *Teologia e prática*. Petrópolis: Vozes, 1978, p. 353, nota 56.

b) O Filho é a exemplaridade definitiva de como corresponder ao Pai: *"Jesus é a revelação do Filho, do modo correto de como corresponder e se aproximar do Pai"* (SOBRINO, 1983: 21).

c) O Espírito é quem gera seguidores e seguidoras de Jesus na história. A reflexão sobre Jesus é pneumatológica e o seguimento de Jesus no Espírito se torna a condição de possibilidade de uma epistemologia cristológica (cf. SOBRINO, 1983: 22).

3 Cristologia e soteriologia

Ao analisarmos a elaboração cristológica no decorrer dos diferentes contextos históricos, descobrimos que há sempre um relacionamento muito íntimo entre as ideias cristológicas e os motivos soteriológicos. Deste modo, não podemos fazer uma separação entre cristologia e soteriologia, *"porque é sempre a preocupação soteriológica, o interesse soteriológico, isto é, o interesse da salvação, dos benefícia Christi, que nos obriga a refletir sobre a pessoa de Jesus"* (PANNENBER, 1971: 49). Estes interesses soteriológicos chegam a nós em forma narrativa: *"A soteriologia é uma interpretação da história de Jesus Cristo recontando-a, redescrevendo-a, expandindo-a ou aumentando-a, cujo resultado é o ressalto do desígnio salvífico específico da narrativa. A unidade ou coerência da história da salvação, seu desígnio salvífico, é o movimento que parte do problema no qual se encontra a própria existência humana para sua resolução pelo evento de Jesus Cristo"* (HAIGHT, 2003: 255).

No relacionamento entre cristologia e soteriologia, presente no Novo Testamento[13], revelado pela história da cristologia, defrontamo-nos com uma questão muito séria ou mesmo um risco: *"O interesse soteriológico corre o perigo de, orientando o estudo*

13.Cf. COMBLIN, J. *Evangelizar*. Petrópolis: Vozes,1980, pp. 8-10, 15-17, 44-47. 53, 75. 105; BLINZLER, J. *Jésus dans les Evangiles*. Paris: Cerf.,1971.

sobre Jesus, neste sentido o desfigurar, o manipular ou o reduzir a um caso exemplar daquilo em cada situação histórica interessa ao homem" (SOBRINO, 1983: 360). Este perigo nos coloca diante da questão da cristologia como mera projeção de nossas ideias ou preocupações[14].

a) Cristologias ou projeções

Nesta união entre cristologia e soteriologia, que vemos presente no próprio desenvolvimento intrínseco da cristologia, devemos nos perguntar se *"se trata realmente de Jesus mesmo? Ou são mais projeções das aspirações humanas à libertação e à divinização, do esforço humano por tornar-se semelhante a Deus, do dever humano de satisfazer o pecado cometido, da experiência do homem ser mantido no fracasso, no reconhecimento de sua própria culpabilidade e, com uma nitidez particular no neoprotestantismo, não seriam projeções do ideal da religiosidade perfeita, da moralidade perfeita, da personalidade pura, da confiança total na pessoa de Jesus? As aspirações humanas não seriam simplesmente transportadas a Jesus, personificadas nele? Kant diz explicitamente que Jesus era um exemplo para a ideia de perfeição moral. Esta afirmação não está longe da tese de Feuerbach que vê em todas as concepções religiosas puras projeções das necessidades e dos desejos humanos em um "sobre-mundo" (=surmonde) imaginário"* (PANNENBERG, 1971: 49). Esta questão nos coloca diante do critério ou mesmo dos critérios da pesquisa cristológica.

---

14. *"... Não se pode partir da soteriologia, do aspecto salvífico de Cristo, do seu significado para o homem e para a história e reconstruir, deste modo, a cristologia. Naturalmente que a soteriologia é decisiva para a cristologia, em primeiro lugar porque é inerente à fé em Cristo seu significado universal e, em segundo lugar, porque o interesse acompanha sempre a reflexão. Não se pode fazer uma cristologia a não ser a partir de um determinado interesse. Mas o que queremos afirmar é que o interesse soteriológico não pode ser, pelo menos metodologicamente, o ponto de partida. Deste modo a cristologia se tornaria uma variável da antropologia"* (SOBRINO, 1983: 32-33).

b) Critério da pesquisa cristológica: a realidade histórica de Jesus

O perigo aqui é claro: construir uma cristologia a partir da preocupação soteriológica. Em outras palavras, não se fala a *partir de Jesus, a partir de sua vida, de sua práxis*, de sua morte, mas fala-se *sobre Jesus* e, neste falar sobre, veiculam-se muito mais as projeções a partir de contextos históricos diferentes e perde-se, assim, um dos critérios básicos da pesquisa cristológica que é a própria história de Jesus que traz em si mesma uma significação soteriológica (cf. PANNENBERG, 1971: 51). Ou como diz Leonardo Boff: "*O falar cristológico jamais poderá ser um falar sobre Jesus. Não possuímos uma instância superior donde podemos falar sobre Ele de forma objetiva e imparcial. Podemos falar sobre coisas. Jamais, porém, sobre pessoas, sobre Jesus e sobre Deus. O teólogo verdadeiro só pode falar a partir de Jesus; isto é, tocado por sua realidade vivida na fé e no amor*" (BOFF, 1979: 196-197).

O perigo de uma cristologia a partir da soteriologia está presente em Paul Tillich: "*A cristologia é uma função da soteriologia*" (PANNENBERG, 1971: 49). O mesmo perigo encontramos em Mélanchton, Schleiermacher e, sobretudo, em Bultmann e seus discípulos, na medida em que afirmam expressamente "*que não se trata do próprio Jesus, do Jesus histórico, mas somente de sua "significação" para nós, enquanto Ele nos abre uma nova possibilidade de existência... Mas é preciso relembrar que Jesus só tem uma significação "para nós" à medida que esta significação se liga a Ele mesmo, à sua história e à personalidade que esta história revela*" (PANNEN-BERG, 1971: 50).

É só através deste critério que poderemos estar certos de não colocar em Jesus nossas projeções, nossos desejos e nossas ideias. E para não cairmos na tentação de uma *biografia* de Jesus, é importante relembrar o íntimo relacionamento existente entre *querigma* e *história*. Neste sentido é bom recordar que *"um acontecimento do passado, por pouco que não se volatilize, reveste-se assim mesmo de uma forma ambígua. Só a palavra que o acompanha, o define e talvez o suscite, é capaz de lhe dar um sentido único e uma força atualizante. Só a pregação de Jesus (= anúncio do Reino) pode nos fazer reencontrar o Jesus da História e compreender sua história"* (KASEMANN, 1972: 134). Como já afirmamos, podemos encontrar aqui uma nova formulação da questão histórica, enquanto forma moderna do problema cristológico. Aqui *"se deduz a importância de uma determinada hermenêutica para a cristologia e, concretamente, para os textos bíblicos em que se apresenta a figura de Jesus. A hermenêutica não só pressupõe resolver o problema da verdade das afirmações sobre Cristo, mas o modo de torná-las compreensíveis e eficazes, quer dizer, fazer da tradição sobre Cristo algo que continue vivo e atual. O tipo de hermenêutica que se pretenda empregar na cristologia deve fazer justiça a duas coisas: à situação atual para que Cristo seja realmente compreensível e à própria história de Jesus, para que seja Cristo quem é, e não uma figura pensada pelo homem atual"* (SOBRINO, 1983: 356). Neste sentido, Jesus deve ser, ao mesmo tempo, histórico e contemporâneo. Histórico, enquanto não podemos tratar aleatoriamente sua atuação histórica; e, contemporâneo, para se tornar compreensível aos homens e mulheres de nosso tempo. Com isto queremos afirmar que as cristologias do Novo Testamento são sempre elaboradas a partir de dois polos: a situação concreta (= interesses) das comunidades e Jesus de Nazaré[15].

---

15. *"As diversas cristologias do Novo Testamento foram sendo elaboradas a partir de dois polos: partindo da situação das comunidades concretas (com seu diferente pano de fundo cultural, com suas polêmicas determinadas tanto por seu mundo exterior como intraeclesialmente) e partindo de Jesus de Nazaré. A ressurreição de Cristo lhes possibilitou sua fé, mas a elaboração de uma cristologia devia contar com os traços concretos da vida de Jesus, quer para aceitá-los e selecioná-los, quer para rejeitá-los. Na situação atual as diversas Igrejas se defrontam com a mesma tarefa, a não ser que se conformem com a repetição das fórmulas dogmáticas, atitude apenas na aparência mais ortodoxa. Na América Latina, de fato, a cristologia se está desenvolvendo no confronto da situação atual com o Jesus*

É dentro deste contexto que podemos compreender que "*a cristologia, o estudo de Jesus mesmo, de sua pessoa, desta pessoa que viveu outrora sobre a terra do imperador Tibério, deve preceder a todas as questões referentes à sua significação e a toda soteriologia. A soteriologia deve decorrer da cristologia e não o contrário. Caso contrário, a própria fé na salvação perde sua base... A cristologia deve partir do Jesus de outrora e não de sua significação para nós, tal como, por exemplo, nos apresenta a pregação. A significação de Jesus deve ser explicada a partir do que Jesus foi realmente*" (PANNENBERG, 1971: 50-51). O Jesus da história é sempre a fonte de todas as significações. Voltar a Ele será sempre o caminho da reflexão cristológica[16]: "*Recolocar Jesus em primeiro lugar, vê-lo viver; ouvir, enquanto ainda for possível, o tom de sua palavra, suas cóleras, suas impaciências, mas também seus momentos de afeição e de piedade... Não mais Deus mesmo visitando a terra [...], mas um ser totalmente humano que vem nos revelar – exatamente por ser humano – o que há de totalmente-outro no fundo de nós, o que há, talvez, efetivamente de divino*" (ONIMUS, 1999: 28).

Entretanto, "*um tratado de cristologia partindo da realidade de Jesus de outrora não deve jamais romper em todos os pontos com a tradição cristológica. Mas este tratado deverá, fazendo uso da clarificação*

---

histórico, porque desta forma concreta vê melhor expressa sua fé cristã. Esta realidade deve ser teologicamente valorizada como se valoriza teologicamente o desenvolvimento das cristologias nas primeiras comunidades. O fato de o dogma ter colocado limites claros à direção do desenvolvimento da cristologia não suprime, em absoluto, o esforço de cada comunidade em tornar concreto, quer dizer, real o significado universal de Cristo expresso no dogma" (SOBRINO, 1983: 37-38).

16. "Antes de tudo, convém deixar indicada uma distinção esclarecedora. Não é o mesmo falar do "Jesus da história" e referir-se ao "Jesus histórico". O "Jesus da história" é o Jesus que viveu na Palestina, no século I e em contato, portanto, com seus contemporâneos. O "Jesus histórico" é o Jesus que nós podemos conhecer como resultado da investigação histórico-crítica que, desde o século XVIII, tem sido realizada pelos especialistas nesse assunto. Feita essa distinção elementar, hoje estamos em condições de afirmar com segurança que o conteúdo concreto do cristianismo primitivo foi "preenchido" pelo Jesus da história" (CASTILLO, 2015: 46).

da realidade histórica do Jesus de outrora, controlar as questões soteriológicas colocadas pelas cristologias tradicionais. Isto será possível se se admitir que a história de Jesus possua ela própria uma significação soteriológica" (PANNENBER, 1971: 51). Esta constatação é de extrema importância, pois nos dará o critério para se fazer cristologia e, ao mesmo tempo, um critério para se julgar as *cristologias tradicionais* que veiculam interesses soteriológicos. Isto mostra, de um lado, o valor da cristologia e, por outro, seu limite e sua relatividade. Também nos leva a compreender que "*a realidade de outrora concernente a Jesus não é, em um sentido positivista, constituída pelos* bruta facta *nos quais podem-se acrescentar, arbitrariamente, as interpretações que se excluem mutuamente. Ao contrário, a ação e o destino de Jesus já possuem, em seu desenvolvimento original e no quadro que lhes dá a tradição, uma significação que lhes é própria e, a partir da qual se pode julgar todas interpretações explícitas dadas em seguida*" (PANNENBER, 1971, 51)[17].

O querigma primitivo traz em si a realidade histórica de Jesus de Nazaré, por isso, "*cremos que poderemos descobrir a significação da morte de Jesus, remontando deste querigma aos dados evangélicos. Sem dúvida, podemos notar uma certa continuidade entre a concepção que Jesus tinha da existência e a concepção que é proclamada pelo queriam apostólico. Desta maneira, se estabelecerá um movimento que nos obrigará a levarmos em consideração os gestos e as ações do Jesus histórico, para compreendermos o Cristo glorificado e, ao mesmo tempo, temos que perscrutar a fé da comunidade primitiva, para atingirmos o significado do Jesus da história*" (FERRARO, 1977: 206-207).

Teremos assim um dos critérios básicos da pesquisa cristológica: "*A pesquisa cristológica encontra na realidade histórica de Jesus o critério que permite julgar a tradição cristológica e também as*

---

17. PANNENBERG, W. *Op. cit.*, p. 51; cf. FERRARO, B. *A significação política e teológica da morte de Jesus à luz do Novo Testamento.* Petrópolis: Vozes, 1977, pp. 205-206.

diferentes preocupações soteriológicas que determinaram os tratados cristológicos" (PANNENBER, 1971: 51)[18].

Para ajudar na compreensão da ligação cristologia-soteriologia, apresentamos um quadro sintético, mostrando a evolução da reflexão cristológica em relação ao desenvolvimento do querigma:

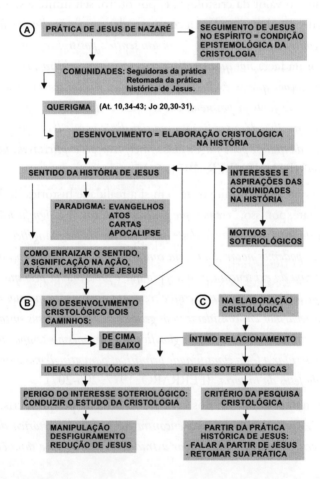

Relacionamento entre cristologia e soteriologia: Esquema sintético.

---

18. "*A cristologia tem de ser fiel ao testemunho jesuânico primevo e à pessoa de Jesus tal como aparece nesse testemunho*" (HAIGTH, 2003: 316-317).

Questões para facilitar a compreensão e provocar debates.

1. Como e qual a relação temporal que se estabelece entre título e conteúdo que ele encerra?

2. Qual a implicação cristológica ao assumirmos o seguinte enunciado: "Toda pergunta teológica começa com uma situação humana"?

3. Os títulos de dignidade expressam um paradoxo: se por um lado exprimem a relação íntima Jesus/Deus, por outro podem ser manipulados por interesses humanos. Elabora uma relação de pontos positivos e negativos que podem acarretar o uso dos títulos de dignidade atribuídos a Jesus de Nazaré?

4. A história da salvação e a história da humanidade não são "duas histórias", mas uma só história. Nesse sentido, explicitar como se relacionam os dados "antropológico e teológico", assim como os dados "histórico e escatológico"?

5. Vários elementos poderiam justificar a necessidade da cristologia no contexto latino-americano e caribenho. Mas há também seu reverso: "Muito se escreve, porém o mundo não muda" (J. Sobrino). Diante desta situação, o que significa afirmar que Jesus é a última palavra?

Capítulo 3
Motivos soteriológicos que influenciaram a história da cristologia

Não há dúvida de que a cristologia está intimamente ligada à soteriologia. A cristologia nos ajuda a compreender quem foi Jesus de Nazaré e a soteriologia nos indica o para que Cristo veio ao mundo. Deste modo, há um mútuo relacionamento entre elas a ponto de podemos afirmar *"primeiramente, que a cristologia e a soteriologia não podem separar-se uma da outra; em segundo lugar, que a* soteriologia é constitutiva da cristologia, *isto é, o* para que *Jesus Cristo veio a este mundo nos explica* quem *foi realmente esse Cristo, o Jesus que viveu na Palestina do primeiro século de nossa era"* (CASTILLO, 2015: 102). Mesmo aceitando esta aproximação entre cristologia e soteriologia, é importante sublinhar que o cristianismo, para além de todas as interpretações, todas as representações e todos os desenvolvimentos dos quais os fatos bíblicos foram objetos, possui um *"núcleo que ultrapassa tudo, como fato histórico gratuito, como intervenção pura e real de Deus na nossa história: Jesus Cristo. Neste sentido primeiro, o cristianismo sempre foi histórico. Não há fé cristã sem referência ao acontecimento Jesus Cristo, à sua morte e sua ressurreição, como aliás toda fé judaica no Deus Salvador encontrava sua fonte nos acontecimentos do Êxodo"* (CATÃO, 1965: p. II). Não há cristologia sem a referência a Jesus de Nazaré: *"A cristologia começa com Jesus de Nazaré. Jesus é a fonte e o substrato da cristologia, porque a cristologia não só começa com seu surgimento na história, como também se remete a Ele como seu tema... A premissa, contudo, não pode ser esquecida: em alguma medida, a cristologia versa sobre o ser humano Jesus de Nazaré"* (HAIGTH, 2003: 240).

É neste sentido que, mesmo afirmando o relacionamento da cristologia com os mais diferentes motivos soteriológicos (os interesses da salvação), queremos deixar claro que a vida de Jesus e sua história têm um sentido soteriológico preciso, na medida em que *"os fatos têm em si mesmos uma certa consistência, uma objetividade irredutível"* (CATÃO, 1965: p. III). Daí a necessidade de se construir uma teologia da salvação não sobre uma teoria, mas sobre o fato real[19] da salvação: *"Jesus Cristo Filho de Deus feito homem, aceitando a morte por obediência e ressuscitando glorioso no terceiro dia, introduzindo a humanidade numa vida nova de comunhão com Deus, sendo isto precisamente a salvação"* (CATÃO, 1965: p. VI; cf. tb. SEGUNDO, 1976: 790).

Por isto, nossa análise não partirá de uma noção particular, mas da ação real de Jesus Cristo – *"colocada no tempo e no espaço, e que pelo menos em seus efeitos, atinge todos os homens e todos os lugares e constitui, em todos os sentidos da palavra, a salvação oferecida a todos os homens"* (CATÃO, 1965: p. VI; cf. *GS*, 22). Embora conscientes da dificuldade de se chegar ao Jesus da História, ao que Ele fez, como agiu, – pois não podemos nos prender a uma *biografia de Jesus* –, queremos mostrar que, para a elaboração de uma teoria cristológica coerente com as mais profundas exigências do Evangelho (= evangelhos), será preciso *"colocar como primeiro fundamento o ato histórico do Salvador, mesmo sabendo que sua significação será*

---

19. *"A teologia cristã deve basear-se muito mais na sensibilidade para o que* hic et nunc *liberta o homem concretamente, em contraposição a um tipo de ciência que espera desde já poder prever e excluir todos os erros e perigos do futuro mediante um modelo adequado, ou que pretende criticar e relativizar todo passo histórico que não apresente tais garantias"* (SEGUNDO, J.L. *"Capitalismo – Socialismo,* crux theologica", *Concilium*, 96 (1976), p. 790).

desvendada pelas diversas vias de aproximação complementares, mas que é nele mesmo que está a fonte da salvação implantada no meio dos homens, no centro da História" (CATÃO, 1965: p. IV).

Tentaremos desenvolver este tema, posteriormente, quando aprofundarmos o sentido de Jesus como fonte de vida e de libertação. Será neste contexto que iremos insistir que *"Cristo nos salvou pelo fato de ser santo... A vida de Jesus, sua paixão, sua morte e sua ressurreição constituem o dado fundamental da soteriologia e da própria moral... Eis em que consiste para o homem a salvação: seguir Jesus Cristo, crendo nele. Seguir não somente os atos e as palavras de Jesus, mas principalmente seu Espírito, agindo como Ele, por amor e colocando o amor até o supremo limite de dar a vida por aqueles que amamos. O ato salvador de Cristo é um ato de amor"* (CATÃO, 1965: p. X)[20]. É por isso que *"toda a vida de Jesus e, em particular, sua morte e ressurreição são causa da salvação universal. O acontecimento da salvação se inscreve no interior da História e não pode ser conhecido a não ser em referência à História"* (CATÃO, 1965: 3). É pela vida de Jesus de Nazaré e sua história que temos acesso ao conhecimento de Deus. Conhecemos suas atitudes, seus gestos, suas palavras e será através de sua pessoa que teremos a revelação de quem é Deus, pois *"na afirmação "Jesus é Deus" a informação não ia de um predicado já conhecido à figura histórica ainda indecisa ou ambígua de Jesus. Pelo contrário, o conceito de divindade, com suas especiais características por ser aplicável somente a um singular, tinha de ser enchido com os atributos que surgiam da história concreta de*

---

20. J. Onimus mostra-nos a importância da vida de Jesus: *"Eu sonho com um outro credo que se apoiaria, não sobre as definições dogmáticas, mas no exemplo do pai do "filho pródigo", no salário da décima primeira hora, no perdão à mulher adúltera etc. Esse credo não apelaria por uma adesão verbal e "intelectual"; ele suscitaria uma atração humana e uma intensa simpatia. O "Verbo encarnado" não tem mais nenhum impacto sobre nossos espíritos, mas a voz que indica o cuidado das crianças, que promete a felicidade aos humildes e que coloca o amor acima de todos os valores, sempre será escutada por todos os homens e em todos os tempos. Este será um credo concreto. Ele emana dos evangelhos sinóticos"* (ONIMUS, 1999: 26).

Jesus. Isso quer dizer que qualquer interpretação "cósmica" de Jesus deve começar pelo que sabemos de sua história, e não pelo que supostamente conhecemos sobre o que é ou pode ser Deus" (SEGUNDO, 1985, II/2: 311).

J.M. Castillo vai na mesma direção de J.L. Segundo, ao afirmar que é o próprio Jesus a partir de sua vida, suas atitudes e sua pessoa, quem nos revela Deus, pois *"ao perguntar a respeito de "Deus", essa palavra remete o crente às convicções que ele vive e a partir das quais invoca o Absoluto. Porém, nesse caso, a pergunta continua sem sentido. Pois isto equivale a perguntar aquilo que já se case sobre Deus. E tudo se reduz a ver se isso se cumpre em Jesus. Disso resultaria uma consequência fatal para a cristologia, enquanto essa não teria por missão ensinar-nos nada de novo sobre Deus, mas apenas comprovar se o que sabemos sobre Deus se poderia aplicar a Jesus. Pois bem, uma cristologia que não ensina nada de novo sobre Deus não pode ser a cristologia que o Novo Testamento nos apresenta. Pois se algo é claro no Novo Testamento, é que Jesus foi o* revelador *de Deus e a* revelação *de Deus"* (CASTILLO, 2015: 74-75)[21].

---

21. *Quando os cristãos dão a Jesus de Nazaré o título "cristo", querem expressar que nesse homem concreto, cujas origens humildes conhecemos, da pequena aldeia de Nazaré, o filho do carpinteiro José, casado com Maria (Mt. 1,18; Lc 1,27), se manifestou, em grau máximo, o mistério de Deus. Ele é o ecce homo ("aqui está o homem"), esse no qual se produziu a autorrevelação de Deus"* (BOFF, L. *"El Cristo Cósmico: La superación del Antropocentrismo"*, em *Numen*,V. 2, n.1 (jan-jun/1999), p. 129). Buscando a superação de uma cristologia sexista e androcêntrica, E.A. Johnson mostra a importância do relacionamento da encarnação com o universo: *"Já está estabelecido um relacionamento com todo o cosmo, dentro da tradição bíblica da sabedoria, e isto leva a Cristologia para além do mundo dos seres humanos, para abranger a ecologia do mundo dos seres em geral e da própria Terra, e, na realidade, o próprio universo, o que representa um passo decisivo nesta nossa era de crise do planeta"*(JOHNSON, 1995: 243). Esta antecipação da ligação da encarnação com o cosmo está presente na *Laudato Si'*: *"Segundo a experiência cristã, todas as criaturas do universo material encontram seu verdadeiro sentido no Verbo encarnado, porque o Filho de Deus incorporou na sua pessoa parte do universo material, onde introduziu um gérmen de transformação definitiva" (LS, 235)... "No apogeu do mistério da encarnação, o Senhor quer chegar ao nosso íntimo através de um pedaço de matéria. Não o faz de cima, mas de dentro, para podermos encontrá-lo no nosso próprio mundo... A Eucaristia é, por si mesma, um ato de amor cósmico" (LS, 236).*

E é exatamente no desenrolar histórico que devemos examinar o dado cristológico, pois o Cristo se faz presente na história através de seu Corpo, a Igreja. Daí o íntimo relacionamento, entre cristologia e eclesiologia. Mas temos que ir mais a fundo, pois também já analisamos que toda cristologia é social e culturalmente situada e condicionada: "*Consciente ou inconscientemente toda cristologia se desenvolve dentro de uma determinada situação. A necessidade de uma "nova" cristologia se experimenta em uma "nova" situação, o que se dá quando está claro o sem-sentido da situação presente e a pré-conquista da direção do novo sentido*" (SOBRINO, 1983: 354). Mas só isto não explicaria o desenvolvimento da teoria cristológica, pois o Cristo deve-se fazer presente na História para ser de fato o ressuscitado, o Senhor da História. Neste sentido, podemos perceber que o fato da cristologia ter que se apresentar como novidade em uma nova situação histórica "*não se depreende apenas da insatisfação percebida com uma cristologia envelhecida, mas de seu próprio objeto: Cristo. Se Cristo pudesse deixar de interessar, de modo novo, numa nova situação, se não pudesse ser vivido de diferentes maneiras, não seria Cristo. Portanto a reformulação da cristologia em uma nova situação não é outra coisa que a expressão da fé no significado universal de Cristo*" (SOBRINO, 1983: 255).

Nesta análise poderemos perceber o íntimo relacionamento entre cristologia e soteriologia no decorrer da História. Seguindo de perto W. Pannenberg, vamos perceber que todas as ideias cristológicas são embasadas em motivos soteriológicos. E que há sempre um grande relacionamento entre a mudança da ótica cristológica e a mudança da ótica soteriológica. Pode-se mesmo dizer que seria possível explicar as variações da cristologia, pelo menos em parte, pelas variações da ótica soteriológica (cf. PANNENBERG, 1971: 38). Este será o nosso intuito[22].

---

22. A reflexão que se segue está baseada em PANNENBERG, 1971: 38-48. Vamos também nos utilizar das reflexões de HAIGTH, 2003: 253-317. "*As teorias da salvação dependem de uma série de imagens neotestamentárias, que por sua vez repousam*

1 Divinização pela encarnação

O tema da divinização comanda toda a história da cristologia na Igreja antiga. A divinização é concebida como consequência da encarnação, isto é, movimento de Deus para a pessoa humana (cf. Jo 1,12-16). Santo Irineu, em sua obra contra os hereges, já havia formulado esta idéia no final do século II: *"O Filho de Deus tornou-se o que somos para que recebêssemos parte de sua perfeição" ("Factus est quod sumus nos, uti nos perficeret esse quod est ipse")*[23]. No séc. IV, Santo Atanásio, em seu escrito sobre a Encarnação do Verbo[24], afirmava que o ser humano originariamente havia sido criado para participar do Logos divino e como este destino havia sido realizado por Jesus Cristo. A participação do Logos não é entendida como simples racionalidade humana, já definida pelos gregos, mas quer afirmar uma relação efetiva com Deus. Entretanto o pecado havia feito com que o ser humano perdesse a participação no Logos divino e a Redenção consiste em que este receba de novo o logos divino e sua natureza racional[25]. Daí a importân-

---

sobre uma memória e experiência de Jesus como portador da salvação de Deus. Deve-se levar em conta essas dependências, pois são os antecedentes históricos dos textos em questão: em última instância, as teorias da salvação e os relatos neotestamentários são interpretações de Jesus" (HAIGTH, 2003: 280).

23. IRINEU, *Adv. Har., V, Praefatio, P.G.*, 7,2, Col. 1120, S.C., nº 153, 1969, p. 14, citado por PANNENBERG, 1971: 39, nota 5.

24. *"Pela assunção da carne, O Verbo de Deus infunde a divina imagem e reverte a famigerada trajetória de corrupção. A encarnação é o substrato mais fundamental do axioma de Atanásio: "Ele foi humanizado para que pudéssemos ser divinizados"* (DeInc 54, 107), citado por HAIGTH, 2003: 261.

25. *"Nos padres gregos, o fato de Deus estar presente a Jesus fisicamente transforma a carne, ou a humanidade; diviniza-a. A existência humana, por sua vez, torna-se divina ou unida a Deus de uma nova forma. Em Jesus, Deus assume cada aspecto da existência humana, de modo que ela é curada, purificada, tratada, redimida. A experiência é de encontro com o poder de Deus nesse homem. A encarnação é um típico símbolo conceitual disso; significa a proximidade e a identificação de Deus com a humanidade pela assunção de um ser humano e, portanto, do gênero humano como tal, como divino. Todos os que se acham unidos a Jesus pela fé e pelo batismo e recebem o Espírito de Deus participam da presença de Deus. Pode-se generalizar apontando para a experiência que se encontra por trás de todas essas fórmulas: Jesus torna Deus presente, e Deus é encontrado nele ou*

cia da encarnação, isto é, que o próprio Logos divino se tenha realmente feito homem em Jesus. A mesma ideia se encontra ainda em Gregório Nazianzeno ao afirmar: *"O que não foi assumido também não foi salvo" – "Aquilo que Deus não assumiu, não redimiu"*[26].

Esta fórmula também está presente em Orígenes que insiste na afirmação de que não seria o ser humano todo inteiro que teria sido salvo, resgatado, se o Logos não tivesse assumido o homem inteiro. Desta afirmação decorre a sentença, no século V, contra Apolinário de Laodiceia, mostrando que o Logos divino assumiu não somente a carne, mas um homem completo com corpo, alma e espírito. A afirmação constante, nesta linha da cristologia antiga, foi que o Logos assumiu não somente um homem, mas de modo geral a natureza humana. Assim o que se diz de Jesus aplica-se potencialmente a todos os seres humanos, pelo fato de estarem unidos a Jesus pela natureza humana comum[27].

Não deve haver nenhum tipo de discriminação entre homens e mulheres, pelo fato de Jesus ter nascido do sexo masculino: *"A doutrina da encarnação confessa que, em Jesus Cristo, Deus entrou verdadeiramente na história humana, para nossa salvação. Nem a divindade, nem a humanidade expressas nesta confissão exigem a masculinidade como condição exclusiva. Por um lado, Deus não é masculino. As metáforas da Palavra e do Filho usadas com mais frequência para articular a relação entre Jesus Cristo e o mistério absoluto de Deus representam, não a masculinidade em Deus, mas uma certa relacionalidade divina que pode ser admiravelmente repetida no símbolo da Sophia. Por outro lado, a história humana representa*

---

por meio dele. Esse é o substrato existencial e experimental da teoria segundo a qual Jesus é o símbolo concreto de Deus" (HAIGTH, 2003: 282).

26. GREGÓRIO DE NAZIANZENO, *Ep. 101, P.G.*, 37, Col. 181 C, citado por PANNENBERG, 2003: 40, nota 6.

27. A *Gaudium et Spes* confirma esta afirmação ao proclamar que *"por sua encarnação, o Filho de Deus uniu-se de algum modo a todo homem* (ser humano)" (*GS*, 22).

toda a raça humana, numa solidariedade de pecado e sofrimento, como sempre afirmou a doutrina tradicional. As particularidades da pessoa de Jesus, incluindo o sexo, as características raciais, a herança linguística, a classe social, e assim por diante, não indicam que Deus é mais adequadamente encarnado nessas realidades do que em outras... Em razão de que a encarnação abrange a humanidade de todos os seres humanos de todas as raças e condições históricas e de ambos os gêneros, torna-se evidente que a capacidade de Jesus Cristo de ser o salvador não reside em sua masculinidade, mas em sua história de amor e de libertação no meio das potências do mal e da opressão... A teologia terá atingido a sua maioridade quando a particularidade que se destaca não é o sexo histórico de Jesus, mas o escândalo da sua opção pelos pobres e pelos marginalizados no Espírito do seu Deus-Sophia misericordioso e libertador. Este é o escândalo da particularidade que realmente interessa, centralizado que está na criação de uma nova ordem de plenitude na justiça. Para este objetivo, a linguagem da teologia feminista em relação a Jesus, a Sabedoria do Pai, desvia o centro da reflexão da masculinidade para concentrá-la no significado teológico total daquilo que se realiza no evento de Cristo" (JOHN-SON, 1995: 244-245).

2 Divinização pela identificação (assimilação) com Deus (*Homoiôsis Theô*)

A segunda via, de tendência mais moral, da cristologia antiga, está ligada ao ideal moral da escola platônica. Este ideal moral é procura do bem, ou melhor, a participação à ideia do bem, que é obtida por esta procura. Ora, para Platão, o bem é o que é propriamente divino. O esforço para participar do bem representa um esforço de participação no divino. O fato da pessoa virtuosa permanecer fiel no bem e, por isso mesmo imutável como Deus, é o principal sinal de que esta participação se produz realmente.

Foi neste sentido que a Igreja antiga acabou compreendendo a unidade de Jesus com Deus, como uma *homoiôsis Theô* (assimilação) perfeita[28]. Jesus aparece para o ser humano como o grande modelo do esforço moral e é neste nível que se procurou seu papel na salvação.

Esta parece ser a ideia cristológica principal em Orígenes, seguido por Luciano de Antioquia e mesmo por Gregório de Nissa. Foi nesta linha, seguindo a concepção antioquena da unidade de Deus e do homem em Jesus Cristo que se prolongou a ideia do *homoiôsis Theô*. Teodoro de Mopsuéstia apresentava a seguinte afirmação: pela força de sua livre vontade humana, mas com a ajuda da graça de Deus, Jesus libertou sua alma dos instintos do pecado. Ele é por isso o modelo de todos aqueles que são chamados à liberdade[29]. Jesus tornou, desta maneira, sua alma imutável no bem e assim tornou-se cada vez mais semelhante ao Logos divino. Deste modo, a *in-habitação* do Logos na alma de Jesus tornou-se cada vez mais perfeita no decorrer de seu desenvolvimento moral, até que, pela ressurreição, o homem Jesus foi elevado à imutabilidade e à impassibilidade totais e tornou-se participante do Senhorio universal de Deus. Segundo esta concepção antioquena, a encarnação não se realizou completamente no nascimento de Jesus, de tal modo que, desde esse momento, ela estaria se finalizando: ela se realiza de maneira crescente durante sua vida. A unidade do homem Jesus com Deus torna-se cada vez mais profunda. Sua signi-

---

28. *"Com base na premissa de que o relato da salvação tem afinidade com o modo como Jesus Cristo é experienciado, pode-se dizer que essa cristologia é informada por uma convicção de que Jesus Cristo foi um ser humano pleno e modelar. As pessoas voltam-se para Jesus Cristo em busca de orientação sobre como viver uma vida que reconduza a Deus. A cristologia do Logos descensional combina-se com uma antropologia integral que inclui uma mente e liberdade em Jesus, e ambas, a divindade e a humanidade, são aglutinadas em uma união que jamais é satisfatoriamente concebida"* (HAIGTH, 2003: 314).

29. *"A salvação recebida envolve a liberdade humana, e a salvação operada por Jesus Cristo perfaz-se ne e por meio da livre iniciativa de Jesus... Jesus Cristo é um modelo de vida na graça e proporciona uma via para nossa imitação"* (HAIGHT, 2003: 314).

ficação de salvação para nós está intimamente relacionada àquela de nosso modelo moral.

3 A cristologia da satisfação representativa

Com Anselmo de Cantorbery, em sua obra *Cur Deus Homo*[30], há uma mudança de posição do problema em relação à cristologia da Igreja Antiga: A prática penitencial da Igreja medieval comanda sua perspectiva espiritual. O ser humano deve satisfazer o seu pecado, por ter ofendido a honra de Deus. A satisfação, palavra tirada do direito romano, significando *fazer o suficiente* para que uma culpa seja razoavelmente remida, entrou muito rapidamente no vocabulário penitencial cristão para designar o conjunto litúrgico dos atos de retorno a Deus, na e pela Igreja. No entanto, a partir da alta Idade Média, a palavra evolui para um sentido penal e exigia uma reparação para se restabelecer os laços rompidos pelo pecado (cf. CATÃO, 1965: 81-82). Desta forma, o problema do pecado acaba ocupando o centro das ideias cristológicas, o que não era o caso em Atanásio. Para Atanásio, o pecado poderia ser apagado pela penitência, mas não a fragilidade (cf. ATHANASE D'ALEXANDRIE, 1946: 219-220). Esta torna a encarnação necessária: *"Era, pois, bem razoável que o Verbo assumisse nossa condenação à morte: sendo superior a todas as coisas, ofereceu seu templo corporal, seu instrumento corporal, e se tornou vida substitutiva de todos nós. Associando-se com a humanidade cuja realidade tomou sobre si, o incorruptível Filho de Deus nos revestiu com sua incorruptibilidade e nos garantiu a ressurreição... Por esta razão ele nasceu, manifestou-se como homem, morreu e ressuscitou... para que possa convocar os seres humanos dos lugares para onde quer que tenham sido atraídos,*

---

30. SANTO ANSELMO. *Cur Deus Homo – Por que Deus se fez homem?* "*Em diferentes graus, ele afetou – ora por atração, ora por repulsa – todo o pensamento soteriológico desde então até o nosso tempo*" (MOZLEY. *Doctrine of the Atonement*, citado por BETTENSON, 1967: 186).

revelando-lhes o seu verdadeiro Pai; como Ele mesmo disse: "Eu vim buscar e salvar o que estava perdido" (BETTENSON, 1967: 66-67, citando Atanásio, *De Incarnatione*, IX, XV).

Para Anselmo, o pecador é mantido no dever de satisfação no estado de pecado. Não basta que o homem cesse de pecar, ele deve ainda apresentar a Deus uma satisfação pelo pecado já cometido. Mas esta satisfação deve ser algo totalmente livre, dado que o ser humano comum não pode, de modo algum, realizar, pois ele depende totalmente de seu Criador em todo seu ser. Só o homem Jesus, nascido sem pecado, pode apresentar a Deus tal tipo de satisfação pelo dom de sua vida, pois, à diferença de todos os outros seres humanos, Jesus como um homem sem pecado não era devedor da morte. Ele não devia morrer. A morte de Jesus é, assim, a única obra que poderia ser apresentada a Deus como satisfação pelo pecado dos seres humanos: *"De que maneira Jesus salva? O ato pelo qual entregou livremente a própria vida em prol da justiça, escolhendo a morte, não era devido a Deus, porque Jesus era isento de pecado. Por conseguinte, esse oferecimento provê um infinito excedente ao que era devido a Deus, e torna-se satisfação ao Senhor pelo pecado. Em síntese, Jesus agiu como ser humano e como representante de todos os seres humanos. Por outro lado, o gesto pelo qual livremente escolheu morrer, gesto que não lhe era exigido, também constitui uma infinita satisfação, pois foi simultaneamente um gesto de Deus"* (HAIGTH, 2003: 269).

O gênero humano apresenta a Deus esta satisfação na pessoa de Jesus que se torna o representante de todos diante de Deus, não pela sua procura de bem, de sua *homoiôsis Theô*, mas na apresentação da satisfação da qual somos devedores, na penitência pelo pecado. Esta satisfação, que é realizada por Jesus no dom de sua vida, possui eficácia universal, porque Jesus é, ao mesmo tempo, Deus; e assim a vida que oferece tem valor infinito.

A teoria de Anselmo para estabelecer o valor da obra de satisfação de Cristo exige, além da ausência de pecado em Jesus, o dogma da divindade de Jesus. A solução necessária é um homem--Deus. Há, porém, na teoria de Anselmo, um deslocamento: enquanto na Igreja Antiga a divindade de Jesus estava diretamente ligada à significação da salvação, aqui o interesse da salvação liga--se à satisfação, à expiação dos pecados e não mais à divinização dos seres humanos como na Igreja Antiga[31]: "*O fim da encarnação, assim como da paixão, é vir em ajuda à humanidade, cuja salvação estava comprometida pelo pecado original. Na sua sabedoria, na sua misericórdia e na sua justiça, Deus decidiu enviar seu Filho para nos salvar por sua paixão e morte. A encarnação, tal como se realizou historicamente, é a condição. As perfeições divinas, longe de serem contrariadas, são manifestadas pela encarnação e pela paixão. O elemento-chave desta demonstração é a noção de satisfação: a encarnação tornou possível uma satisfação perfeita pelo pecado de todo o gênero humano. A paixão e a morte de Cristo foram essa satisfação... Afirmar que Cristo nos salvou por sua paixão, quer dizer que nos salvou por um ato perfeito de amor*" (CATÃO, 1965: 07-12)[32].

Para se entender a cristologia de Anselmo, é preciso ter em mente a filosofia subjacente à sua obra *Cur Deus homo*, própria do modo de pensar da Idade Média:

1°) Explicação em nível teórico: "*No âmbito de categorias assumidas do direito germânico, como ofensa, satisfação, dignidade do*

---

31. Cf. BETTENSON, 1965: 186-188; cf. tb. os textos sobre e de São Tomás de Aquino, pp.188-196.

32. "*A satisfação, obviamente, é termo central, na medida em que caracteriza a lógica do relato. Satisfação pressupõe ofensa cometida. Consiste não em tributar a Deus o que lhe é devido no momento oportuno, mas em purgar a injúria e reparar o dano. Em se tratando de usurpação, significa restituir mais do que aquilo que foi indebitamente apropriado... A satisfação deve ser regrada ou medida de acordo com a ofensa. Essa exigência coloca os seres humanos finitos em uma situação impossível, pois seu pecado é infinito porque cometido contra um Deus infinito*" (HAIGTH, 2003: 271).

ofendido, dignidade daquele que ofende etc., afirma Anselmo que a dignidade ofendida do Pai só pode ser aplacada pela satisfação de alguém que possa reparar dignamente, em uma palavra: superar a distância infinita entre Deus e a criatura. Este só pode ser o Filho de Deus feito homem. Pela cruz do Filho o Pai é reparado e perdoa os pecados dos homens" (SOBRINO, 1983: 204).

a) Pensa-se a partir do ser e não do agir.

b) Dá-se maior valor à encarnação e não à prática.

2°) Visão de Anselmo ligada ao feudalismo:

a) O pecado é visto como desordem e ofensa à honra de Deus que é infinito. Essa ofensa exige uma reparação e somente Jesus, por ser Deus e Homem, pode realizá-la, tornando-se o Restaurador da Ordem por sua morte. Como não deveria morrer, pois era justo, morre livremente e por sua morte livre, obtém o mérito para todos, realizando a satisfação representativa[33].

b) Há, nesta teoria, um substrato feudal, ligado ao Direito Germânico: A ligação de fidelidade. O vassalo recebe a promessa de proteção do suserano (Senhor Feudal) e em troca deve segui-lo e servi-lo e nisto se encontra a base da ordem, do direito e da paz. A não fidelidade (= querer tornar-se igual ou maior que o Senhor Feudal) constitui a ofensa, que quebra a ordem e exige uma reparação com a adequada satisfação *(unus inter pares)*.

---

33. *"A salvação é o restabelecimento da união com Deus. A exemplo do que ocorre no relato agostiniano do sacrifício, os seres humanos são reconciliados com Deus pela livre escolha de Jesus Cristo, no sentido de padecer uma morte a que não estava obrigado, isento que era de pecado. E esse excedente, esse dom de si além e acima do que era devido a Deus, é de infinito valor porque foi o gesto de um homem-Deus. Tributou, portanto, uma satisfação que transcende infinitamente todos os pecados do conjunto da humanidade"* (HAIGTH, 2003: 271).

Esta explicação pode ser representada pelo seguinte esquema:

Adequação da teologia e soteriologia da Idade Média ao feudalismo

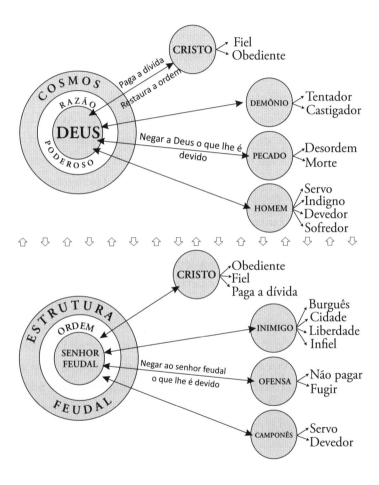

↪ Jesus sempre visto a partir de Deus (deduzido do conceito de Deus)
↪ A Teologia reforça o projeto político (O Reino de Deus = Feudalismo)
↪ O "novo" (cidade) é visto como "perigo" (demônio)

4 A cristologia da causalidade única de Deus

Lutero também via em Jesus o representante de todos os seres humanos diante de Deus. Mas para ele, não é nem na procura do bem nem nas obras de satisfação que Jesus representa-os. Jesus é, em realidade, o representante do gênero humano diante de Deus ao se inclinar sob a cólera de Deus causada pelo pecado e pelo fato de ser, por isto mesmo, justo diante de Deus. Cristo é a justiça: *"Cristo, ao substituir todos os seres humanos e ao ser nosso representante, é obediente à morte em nosso lugar... Depois de Jesus Cristo, Deus já não atenta para a pecaminosidade dos seres humanos, mas considera tão somente a correção do representante"* (HAIGTH, 2003: 275). Na cruz de Cristo nos é revelado o *Judicium Dei* que está em oposição aos julgamentos humanos. A graça de Deus está escondida em seu contrário. É o princípio da *Theologia crucis* de Lutero: Porque Cristo carrega nossos pecados, nós temos parte em sua justiça. Lutero e os outros reformadores partem mais da função de Cristo do que de sua obra. A cristologia está em função da soteriologia e isto retrata a tendência de compreender Jesus a partir da ação de Deus, a partir da vontade divina da graça (cf. PANNENBERG, 1971: 44-45): *"Ensinam que os homens não podem ser justificados aos olhos de Deus por sua própria virtude, méritos ou obras, mas que são justificados livremente por conta de Cristo pela fé, quando creem que são recebidos em graça e que seus pecados são perdoados por conta de Cristo que prestou satisfação pelos pecados em nosso favor mediante sua morte. Deus reputa esta fé como justiça a seus próprios olhos* (Rm 3 e 4)"[34].

---

34. BETTENSON, 1965: 261, citando a Confissão de Augsburgo (1530) sobre a justificação e p. 263, citando a questão da fé: *"... Nossas obras não nos podem reconciliar com Deus ou merecer remissão dos pecados, graça e justificação. Essas coisas obtemos somente pela fé quando cremos que somos recebidos na graça por causa de Cristo... Avisamos aos homens que a palavra fé não significa simplesmente conhecimento de um fato (os diabos e os homens ímpios também possuem isto), mas significa aquela fé que não crê meramente num fato, mas também nos efeitos desse fato, a saber, no artigo*

5 O ideal da perfeição moral

A significação prototípica de Jesus foi compreendida por Kant e mais tarde por Ritschl diretamente ligada ao dever moral do homem e não mais à sua significação de protótipo do homem religioso, como em Schleiermacher (cf. PANNENBERG, 1971: 45; cf. tb. HAIGTH, 2003: 351-357). Kant ligava Jesus a seu *ideal de perfeição moral*, como encarnação, como exemplo desta ideia que todo homem constata a existência em sua consciência moral. Para Kant, "*o ideal da humanidade agradável a Deus (e por consequência, de uma perfeição moral, tal como seria possível a uma criatura dependente de suas necessidades e inclinações) não é concebível a não ser sob a forma de um homem que estaria pronto não só a praticar ele mesmo todos os seus deveres de homem, mas também a propagar o bem ao seu redor pelo ensino e pelo exemplo, como também, embora tentado pelas maiores seduções, aceitar os sofrimentos até a morte ignominiosa para o bem do mundo e dos seus inimigos*"[35]. A propagação do bem pelo homem moralmente perfeito e, pois, a organização de uma sociedade de acordo com as leis da virtude, era chamada por Kant o *Reino de Deus*.

A. Ritschl salienta a importância capital do Reino de Deus e afirma que a vocação de Jesus consistia na formação da sociedade moral universal dos homens, sendo ele mesmo o fundador do Reino de Deus no mundo. Ritschl via a perfeição moral de Jesus no dom total à sua vocação.

---

da remissão dos pecados, isto é, que por Jesus Cristo temos graça, justiça e remissão dos pecados". Cf. tb. *O Catecismo Breve (1529), Artigo Segundo: Sobre a Redenção*, em BETTENSON, 1965: 255. Para se poder compreender melhor o contraponto de Lutero à mentalidade das penitências como meio de alcançar a remissão dos pecados, pelo menos na forma como se apresentavam naquele momento, cf. *As noventa e cinco teses de Lutero* (1517), em BETENSON, 1965: 231-238.

35. KANT, E., *Die Religion innerhalb der Grenzen der blossen Vernunft*, 1973, pp. 73ss.; trad. fr: *La religion dans les limites de la simple raison*. 3ª ed. Paris: 1965, citado por PANNENBERG, 1971: 45-46.

Descobre-se atrás destas ideias, o ideal de vida proposto à sociedade burguesa do fim do século XIX. A Paixão de Jesus é considerada como a expressão mais sublime de sua fidelidade a sua vocação. O perfeito acordo da vontade de Jesus com a vontade de Deus a serviço do Reino de Deus moral é, em Ritschl, o fundamento da afirmação da divindade do Cristo, no sentido em que nele a Palavra de Deus é uma pessoa humana.

Quando se compara a cristologia neoprotestante – quer em sua forma religiosa, quer na moral religiosa – com os tipos anteriores de motivação soteriológica da cristologia, percebe-se o pequeno lugar que a preocupação soteriológica aí ocupa. Os teólogos neoprotestantes preocupam-se apenas com a possibilidade de tornar humana a vida terrestre. Não se trata mais de triunfar sobre a morte; não há preocupação com o tema da ressurreição e a remissão dos pecados é reduzida à possibilidade individual de vencer o pecado, oferecida a cada um por Jesus. Estamos frente à moral individualista burguesa, fruto do espírito do capitalismo que se firmava historicamente e que privilegia o homem burguês como interlocutor principal. Na verdade, o interesse soteriológico limita-se à vida terrena.

6 A cristologia da personalidade pura

Constata-se, no homem de hoje, e, sobretudo no homem da primeira metade do século passado (1900-1950), uma vontade de salvar sua pessoa das tendências da sociedade moderna em *coisificar* todas as relações entre os homens. F. Gogarten procura dar uma resposta cristológica à questão da possibilidade do ser pessoal autêntico em seu encontro *Eu-Tu* em oposição ao comércio simplesmente material e técnico do homem moderno com seu universo. Para ele, o *Tu* a partir do qual o homem existe como *Eu* é, sem dúvida, o Tu de Deus. Este tipo de cristologia se distingue da anterior, de tipo moral, para o qual a relação de Jesus com

Deus não era um tema particular, mas apenas função de sua ação moral. F. Gogarten vê realizado em Jesus o ser pessoal do homem, pois ele existe totalmente a partir do Tu de Deus. A partir de Rm 8,14 e Gl 4,5, Gogarten afirma que Jesus é *"precisamente em sua humanidade o Filho de Deus"* e *"assim o ser pessoal manifestado nele não é somente ser humano, mas sendo (este ser humano), é divino"*[36]. Esta afirmação aplica-se a Jesus, enquanto ele é aquele *"cujo ser pessoal é a filiação que, em se conhecendo, não conhece outra coisa que a paternidade de Deus"*[37]. Esta filiação não é apenas recebida do Pai, mas o Pai a reclama também dos homens sob a forma de responsabilidade pelo mundo. Neste sentido, o ser pessoal de Jesus nos abre o caminho para o encontro com Deus e com o mundo.

G. Ebeling segue também este caminho, centrando, porém, a cristologia na noção de fé como confiança no futuro de Deus. Jesus é o testemunho da fé. Por seu exemplo, Ele abre a possibilidade de se fazer o que Ele fez. Estamos na linha do seguimento: *"A liberdade que Jesus assumiu com autoridade e a liberdade que Ele deu com autoridade estão intimamente unidas"*[38].

7 Cristologia do engajamento político[39]

Este tipo de cristologia sofreu uma lenta evolução até desembocar de modo explícito na elaboração cristológica da América Latina. Escolheremos três autores que nos possibilitarão compreender melhor este processo. *"K. Rahner é o grande teólogo católico que, conscientemente, rompeu com uma tradição de cristologia positi-*

---

36. GOGARTEN, F. *Der Mench zwischen Gott und Wel*, 1952, citado por PANNENBERG, 1971: 48.

37. GOGARTEN, F. *Op. cit.*, p.274, citado por PANNEBERG, 1971: 48.

38. EBELING, G. *Das Wesen des christlichen Glaubens*, 1959, p. 63, citado por PANNENBERG, 1971: 48.

39. Seguiremos de perto as indicações de SOBRINO, 1983: 19-38.

va que se reduzira a declarar e interpretar textos conciliares ou papais sobre Cristo. Rahner procurou colocar a cristologia no mais amplo horizonte de uma compreensão do mundo, do homem e da história. W. Pannenberg apresenta a vantagem de ter tentado construir uma cristologia sistemática partindo da história concreta de Jesus; além disso, sua escatologização em consonância com todos os conceitos teológicos tiveram uma certa influência na América Latina. J. Moltmann acentuou o papel de Jesus histórico, a importância do pecado, mesmo estrutural, para compreendê-lo e uma hermenêutica da práxis" [40].

K. Rahner começa como dogmático católico que tenta interpretar especialmente o dogma de Calcedônia. Sente mal-estar com os conceitos metafísico-ônticos que os teólogos tradicionais usam. Sua reação se faz a partir de uma consideração transcendental do que é o homem como abertura incondicional para Deus, traduzindo assim categorias ônticas em ontológicas; isto é, categorias que incluem por definição o sujeito. Deste modo, supera uma concepção mitológica da divindade de Cristo, segundo a qual sua humanidade teria sido mera aparência ou vestimenta. Afirma a relação que existe entre o homem como abertura para Deus e Deus como revelável na história, concretamente no humano. Em sua segunda etapa, deixa-se influenciar por Teilhard de Chardin, ao afirmar que a humanidade está esperando um ponto ômega que assuma em si toda a história e que lhe dê, desde já, uma direção e sentido. Este ponto ômega consiste na encarnação de Cristo, recapitulação da história. Finalmente em sua última etapa, Rahner se deixou influenciar pelo pensamento escatológico que analisa a realidade do presente e do passado a partir do futuro. Daí sua insistência não mais na encarnação, mas na ressurreição de Cristo,

---

40. SOBRINO, 1983: 43-44. Jon Sobrino relembra alguns conceitos assumidos pela Teologia da Libertação, embora com diferenças na compreensão de sua concretização histórica: Deus do futuro histórico, a história como lugar da revelação, as categorias da escatologia, promessa e esperança, a concepção de história universal e a importância destes conceitos para a vida política (Cf. SOBRINO, 1983: 43, nota, 2).

lugar do acontecimento escatológico por excelência. Cristo já vive no fim dos tempos. Daí o fato de se analisar o caráter da abertura do homem como esperança. Cristo aparece, em Rahner, como a chave para interpretar e resolver, em princípio, os problemas totalizantes da existência humana: sentido e não sentido da história e acesso positivo a ela através do amor (cf. SOBRINO, 1983: 44-47).

Contra Bultmann, que se refugia na subjetividade, e contra Barth, que se refugia na supra-história, Pannenberg lança seu manifesto teológico: *"A história é o horizonte mais abrangedor da teologia cristã. Toda pergunta e toda resposta teológica possuem seu sentido apenas dentro do quadro da história que Deus possui com a humanidade e através dela com toda sua criação, para um futuro, que, escondido ainda ao mundo, já está, contudo, revelado em Jesus Cristo"* (SOBRINO, 1983: 47). Daí o sentido de seu método histórico como único capaz de captar a história e sua influência na sua elaboração cristológica *a partir de baixo*; isto é, a partir da história de Jesus e não a partir da ação de Deus.

Moltmann apresenta duas etapas bem distintas em seu pensamento teológico e, portanto também, cristológico: a primeira com a *teologia da esperança*, filosoficamente marcada por E. Bloch, tendo como tema central a esperança e o futuro, em contraposição à teologia grega da origem, do já constituído, etapa esta marcada e centrada na ressurreição e não na encarnação. A segunda é a etapa do *Deus crucificado*, tendo como tema central a história de Jesus e o seguimento de Cristo, na medida em que este seguimento não é apenas um tema da cristologia, mas o modo de elaborá-la, a condição de sua possibilidade: *"A existência cristã é uma prática, é o seguimento do crucificado, que transforma o próprio homem e sua situação. Neste sentido, a teologia da cruz é uma teologia prática"*[41]. A cruz do

---

41. MOLTMANN, J. Der gekreuzigte Gott. Munique, 1972, p. 15, citado por SOBRINO, 1983: 51.

ressuscitado é o conceito-chave que organiza toda sua teologia. A cruz faz redefinir a Deus como o Deus crucificado, o pecado como aquele que matou o Filho, a fé como fé contra a incredulidade, a esperança como esperança contra toda esperança, o amor como amor contra a alienação (cf. SOBRINO, 1983: 54-55).

8 Cristologia da Libertação

Estas rápidas considerações visam mostrar os pressupostos, interesses e condicionamentos culturais e sociopolíticos presentes na elaboração de toda e qualquer cristologia. Podemos ver através do desenvolvimento das elaborações cristológicas, as tensões e conflitos existentes no contexto sócio-histórico em que vivem os seus autores. Com isto queremos insistir mais uma vez que toda cristologia é social e culturalmente situada, e isto é válido também para a tentativa ou mesmo tentativas de cristologias na América Latina.

Na América Latina, o lugar cristológico é influenciado pelo processo de libertação, isto é, seu impacto em uma realidade de dependência, opressão e exclusão. O impacto causado pela fome, opressão, exploração, exclusão, morte dos pobres, violência institucionalizada, destruição da nossa Casa Comum (cf. *Laudato Si'*), opera uma reviravolta na elaboração cristológica. G. Gutiérrez, um dos pais da Teologia da Libertação, assim define esse novo momento da reflexão teológica: *"A inserção nas lutas populares pela libertação tem sido – e é – o início de um novo modo de viver, transmitir e celebrar a fé para muitos cristãos da América Latina. Provenham eles das próprias classes populares ou de outros setores sociais, em ambos os casos observa-se – embora com rupturas e por caminhos diferentes – uma consciente e clara identificação com os interesses e combates dos oprimidos do continente. Esse é o fato maior da comunidade cristã da América Latina nos últimos anos. Esse fato tem sido e continua sendo a matriz do esforço de esclarecimento teológico que levou à teologia da libertação.*

Com efeito, a teologia da libertação não é compreensível sem relação com essa prática" (GUTIÉRREZ, 1981: 245).

Explicitando o pensamento de Gutiérrez, podemos observar os desdobramentos dessa reflexão na prática dos cristãos e cristãs, na transmissão da fé e na dinâmica litúrgica, pois, com a entrada dos cristãos e cristãs na luta política de libertação dos pobres e excluídos na América Latina e Caribe, o Espírito suscitou uma nova experiência eclesial, definida pela ligação fé-vida e que gera:

a) ***Um novo modo de viver a fé****:* A Igreja assume os novos desafios do mundo de hoje. Os cristãos e cristãs, movidos pelo Espírito do Ressuscitado (a cristologia é vista como o seguimento de Jesus no Espírito, mostrando, portanto a ligação da missão do Filho e a missão do Espírito), abrem-se para os problemas do mundo: *"As alegrias e as esperanças, as tristezas e angústias dos homens e mulheres de hoje, sobretudo dos pobres e de todos os que sofrem, são também as alegrias e as esperanças, as tristezas e angústias dos discípulos de Cristo. Não se encontra nada verdadeiramente humano que não lhes ressoe no coração"* (GS, 1).

b) ***Um novo modo de transmitir a fé****:* Uma nova leitura da Bíblia a partir do pobre-excluído (classe), a partir da mulher (gênero), a partir das diferentes culturas (etnias) e a partir dos idosos, jovens, crianças (geração). Encontramos também no interior de todo esse processo uma nova forma de fazer teologia e uma nova catequese, martirial e realizando a ligação fé-vida.

c) ***Um novo modo de celebrar a fé****:* A partir da ligação fé-vida, a liturgia expressa-se a partir das diferentes culturas (inculturação) e celebra as lutas em defesa da vida, com grande respeito pela alteridade do outro.

A partir desta realidade, vivida em primeiro lugar (ato primeiro) e depois pensada (ato segundo), aparece espontaneamente uma nova figura de Jesus: *"Em cada geração Cristo conhece uma nova parusia, porque em cada época Ele adquire uma nova imagem, fruto da difícil síntese entre vida e fé... Hoje na experiência de fé de muitos cristãos da América Latina, Jesus é visto e amado como o Libertador*[42]. Reinterpreta-se Jesus a partir de sua prática histórica articulada com a opção pelos pobres como chave hermenêutica. O lugar social dos pobres, o lugar eclesial a partir dos pobres e o lugar social-teologal adquirem relevância e marcam toda produção da cristologia da libertação (cf. SOBRINO, 1994: 42-60).

---

42. ASSMANN, H. *Teología desde la práxis de la liberación*, p. 73, citado por SOBRINO, 1983: 56. Cf. tb. BOFF, L. *Jesus Cristo Libertador. Ensaio de cristologia crítica para o nosso tempo.* 3ª ed. Petrópolis: Vozes, 1972; *Paixão de Cristo – Paixão do Mundo. O fato, as interpretações e o significado ontem e hoje.* Petrópolis: Vozes, 1977.

Perguntas

1. Cristologia e soteriologia estão intimamente relacionadas na reflexão teológica. Nesse sentido, quais os interesses, implicações e limites quando:

   a) A soteriologia é considerada o ponto de partida?

   b) A cristologia é considerada o ponto de partida?

2. Na perspectiva de uma abordagem histórico-crítica na reflexão teológica, como estariam relacionadas: "soteriologia", "cristologia" e "jesuologia"?

3. Escolhendo um estilo de literatura bíblica (deuteronomista, sapiencial, profética etc.), pesquise os motivos soteriológicos que fundamentam ou influenciaram a reflexão na história da cristologia.

4. Quais as implicações antropológicas, sociológicas e ecológicas em se assumir a Salvação no interior da história humana?

5. Quais as consequências para a teologia e para a relação de gênero ao se assumir a divinização do ser humano pela encarnação do Filho de Deus?

Capítulo 4
Aprofundamento de por que Deus se encarnou: História da questão

Por que Deus se encarnou? Esta questão perpassa toda a história da cristologia. A encarnação está diretamente ligada ao pecado, havendo uma ligação íntima entre encarnação e redenção, ou a encarnação pode ser concebida sem ligação direta com o pecado? Esta interrogação está presente nos textos neotestamentários e também na tradição teológica. Notamos uma corrente que articula a encarnação ao fato do ser humano ter pecado, chegando pela influência de Agostinho à expressão presente no *Exultet pascal*: "*Ó feliz culpa que nos mereceu semelhante redentor; ó necessário pecado de Adão, destruído pela morte do Cristo*"! Outra corrente aponta a encarnação como o ápice da criação, afirmando que seria irracional fazer a obra mais perfeita de Deus depender do pecado humano.

Cada uma destas correntes tem suas potencialidades e seus limites. Há nelas perspectivas diferentes e que estão presentes nas definições dogmáticas e nas teorias teológicas. Hoje, podemos notar sua influência na tentativa de compreender o papel da encarnação na história e sua relação com o cosmos. A cristologia não poderia ficar separada da criação no sentido bíblico. Na perspectiva do evolucionismo, apresenta-se a encarnação como ponto final de um longo processo, que por treze a quinze bilhões de anos desemboca no processo, explicitado por Teilhard de Chardin, da

Cristogênese. Esta linha explicativa tem o valor de realçar a bondade e o amor de Deus, mas corre o risco de não dar conta das injustiças nas estruturas da sociedade, como também tem dificuldade de articular o devir histórico com o movimento cósmico. Por outro lado, a teoria que leva em consideração o conflito histórico para explicar a encarnação, revela as contradições históricas presentes na vida e na morte de Jesus e contextualiza a cristologia no horizonte da conflitividade humana.

1 Os padres gregos e latinos

Os padres gregos e latinos afirmam, baseados na Escritura, a relação existente entre a cristologia e a soteriologia, isto é, entre encarnação e salvação -- redenção – libertação. Neste sentido, a encarnação é essencialmente salvadora, redentora, libertadora de fato e na intenção de Deus. Santo Atanásio afirma a este respeito: *"Deus não se teria tornado homem se não fosse para encontrar a indigência deste último"* (DOYON, 1970: 297). *"A lógica da salvação é clara: com o pecado, a humanidade perdeu o conhecimento que tinha de Deus e estava trilhando a vida da corrupção e da morte e da própria perdição eterna. O Verbo de Deus restituiria a existência humana a seu estado original"* (HAIGHT, 2003: 261). Santo Agostinho afirma: *"Se o homem não tivesse pecado, o Filho do homem não teria vindo. Por que Ele veio ao mundo? – Para salvar os pecadores. Não havia outros motivos que justificassem sua vinda ao mundo"*[43]. São Leão Magno diz: *"Se o homem, feito à imagem e semelhança de Deus, tivesse permanecido na perfeição de sua natureza, o Criador do Mundo não se teria tornado criatura, o eterno não teria entrado no*

---

43. AGOSTINHO. *Contra Arianos*, II, 56. P. G., 26, 268, citado por DOYON, 1970: 297. *"A premissa ou pressuposto da salvação é sua necessidade. A salvação é do pecado e de seus efeitos. Como o pecado de Adão, todos os seres humanos que vieram em seguida também estavam radicalmente condenados... O motivo ou razão para a encarnação é o amor de Deus"* (HAIGTH, 2003: 264-265).

tempo e o Filho de Deus, igual a seu Pai, não teria tomado a forma de um servo e uma carne mortal"[44].

Os padres gregos e latinos não falam da hipótese de não ter havido pecado. Chegam mesmo a afirmar, como Atanásio e Anselmo, a necessidade da encarnação por causa do pecado. Já estava presente no Credo niceno-constantinopolitano: *"Por nós homens-mulheres* (anthropous) *e por nossa salvação desceu dos céus"*. E no *Exultet* por influência de Agostinho: *"Ó feliz culpa que nos mereceu semelhante redentor; ó necessário pecado de Adão, destruído pela morte do Cristo"*.

2 Teólogos na Idade Média

Na Idade Média, constatamos basicamente duas orientações:

a) A encarnação não está subordinada à redenção do homem pecador[45]

Mesmo sem o pecado, o Filho de Deus ter-se-ia encarnado (= Honório de Autun, Ruperto de Deutz, Alberto Magno, Duns Scoto, Alexandre de Hales). Para estes, o Verbo encarnado está previsto e predestinado antes de todas as criaturas e em particular antes do pecado do homem:

1º) Como o soberano adorador e glorificador da Trindade.

2º) Como razão de ser, a causa exemplar e final de toda ordem natural e sobrenatural.

---

44. LEÃO MAGNO. *Sermo 77*, 2. P.L., 54, 412, citado por DOYON, 1970: 298.

45. *"Questão muito disputada entre os escolásticos era esta: a encarnação teria tido lugar se Adão não tivesse pecado? A teologia tradicional tinha o apoio de Atanásio e Agostinho afirmando que a encarnação dependia da queda e a Igreja em seu missal proclamava o paradoxo da transgressão de Adão e suas benditas consequências... Mas no século XII Roberto de Deutz argumentou que a encarnação era um fim predeterminado por Deus quando criou o mundo. Alexandre de Hales (séc. XIII) defendeu a mesma opinião com o argumento de que é da essência do* summum bonum *ter uma* summa diffusio. *Pela mesma razão Duns Scotus se recusou a crer que o aparecimento do Filho era um evento contingente"* (BETTENSON, 1967: 190).

3º) Como a cabeça e o mediador dos anjos e dos homens. Eis um texto muito significativo de Duns Scoto: *"É sem dúvida irracional pretender que a obra mais perfeita de Deus seja puramente ocasional, e que Deus não teria realizado se o homem, em lugar de pecar, tivesse agido corretamente"*[46]. Esta mesma maneira de compreender é sustentada pela escola franciscana, São Francisco de Salles, Bérulle, Faber, Schmauss, Teilhard de Chardin.

b) Outros se ligam ao fato de que o motivo da encarnação que emerge constantemente da Escritura é o pecado do homem

É a linha seguida por Tomás de Aquino: *"Como o motivo da encarnação é apresentado em toda a Sagrada Escritura como resultado do pecado do primeiro homem, é mais conveniente dizer que a obra da redenção foi ordenada por Deus como remédio para o pecado. Por isto, sem pecado não teria havido encarnação. Mas o poder de Deus não está limitado a isto, pois Deus se poderia ter feito carne mesmo que não houvesse pecado..."*[47]. O Concílio Vaticano II retoma essa perspectiva (cf. *GS*, 10, 22, 39, 45; *AG, 3*).

Percebemos, pois, aspectos diferentes na tomada de posição destes autores. Podemos afirmar que eles se encontram baseados em perspectivas diferentes e com ângulos de visão diferentes. Estas duas correntes de pensamento fizeram escola e elas agem ainda hoje em nosso meio, como é o caso apontado no Vaticano II ou na carta de Paulo VI aos bispos da Inglaterra, em 14 de julho de 1966, por ocasião do sétimo centenário de Duns Scoto, onde o papa louva este grande teólogo por ter afirmado: *"A universal*

---

46. SCOTO, D. Rep. Paris, XX D.I.C., citado por DOYON, 1970: 301.

47. SANTO TOMÁS DE AQUINO. *Summa Theologica*, III. Q. I. artigos I-III, citado por BETTENSON, 1967: 194-195). Cf. tb. CATÃO, 1965: 18-28.

primazia de Cristo, Mestre da obra de Deus, glória da Santíssima Trindade e Redentor do gênero humano, rei da ordem natural e sobrenatural (DOYON, 1970: 301).

3 As controvérsias cristológicas, os concílios cristológicos e suas repercussões na história

Para se compreender as controvérsias cristológicas, o histórico dos quatro primeiros concílios ecumênicos, em que as questões cristológicas foram debatidas, poderá ser esclarecedor. Por isso vamos apresentar um histórico destes concílios e também um quadro sintético do movimento pendular que perpassa a cristologia desde seus inícios e que pode ajudar a compreender também o tensionamento existente nas diferentes concepções cristológicas.

3.1 Concílios cristológicos: Contexto histórico

Os concílios que se seguiram à morte de Jesus, visam responder à intrigante questão que, continuamente volta à mente dos cristãos e cristãs em diferentes contextos históricos: "**Jesus é Deus**"? Esta pergunta, presente no Novo Testamento (Mc 8,27-30), continuou a ressoar na história das primeiras gerações de cristãos e repercute até nossos dias: *"Por mais que o contínuo recurso ao aparentemente fixo – à Escritura, neste caso ao Novo Testamento – tenha freado, de certo modo, a audácia criadora da comunidade cristã, outras exigências ineludíveis, provenientes da história, obrigaram a tentar captar de novo, naturalmente com altos e baixos de maior profundidade ou superficialidade, o que Jesus significava para os homens"* (SEGUNDO, 1985, II/I: 17).

No Novo Testamento, há muitas expressões e títulos religiosos que são atribuídos a Jesus. Não possuíam, no contexto do Novo Testamento, o mesmo peso semântico das afirmações dogmáticas a partir do século V e que passam a ser normativas para o pensamento cristológico posterior: "*Aí a metáfora já não é interpretada como metáfora, e sim despojada na medida do possível de seu caráter de metáfora para adquirir a precisão de um conceito abstrato e universal*" (SEGUNDO, 1985, II/I: 21). Antes Concílios de Niceia (325), Constatinopla (381), Éfeso (431) e Calcedônia (451), a linguagem que exalta Jesus como Senhor, Salvador, Redentor, Libertador, Filho de Deus e Deus parece ser devocional, extática e litúrgica ou as três ao mesmo tempo, guardando sempre a perspectiva da analogia ou da metáfora, mas não está preocupada com o exercício de formulação teológica precisa (cf. HICK, 2000: 139; Cf. tb. FERRARO, 2004: 10). Na verdade, a partir das definições dogmáticas, um Filho de Deus alegórico, metafórico se transforma no Deus Filho metafísico, ontológico. A cristologia que no querigma das primeiras comunidades era funcional, se transforma agora em ontológica.

Para uma compreensão dos concílios ecumênicos temos que estar atentos ao sentido semântico dos conceitos no momento de sua formulação e procurar traduzi-los às pessoas que vivem em outro contexto sócio-cultural, como a modernidade e a pós-modernidade. Esta exigência é fundamental, pois o cristianismo, em sua teologia e em sua cristologia, deve permanecer fiel à sua revelação primigênia e à sua tradição estabelecida, pois são ensinamentos "considerados oficiais e normativos para a fé cristã. No entanto, como doutrinas cristológicas clássicas, devem ser reinterpretadas em cada época" (HAIGTH, 2003: 319).

Os concílios ecumênicos marcaram e marcam a trajetória da Igreja. Eles marcam os momentos eclesiais mais significativos, suscitando interesse em sua preparação, como também na sua aplicação, gerando expectativas, envolvimento e esperanças (cf. FERRARO, 2004: 11-12). Os grandes concílios ecumênicos têm um valor inestimável, pois podem nos ajudar a viver a unidade na diversidade e, ao mesmo tempo, nos orientam na compreensão dos conceitos utilizados na época: *"Dentre os sete concílios da antiguidade cristã, ainda hoje tidos como ecumênicos pela maioria das Igrejas, destacam-se pela autoridade doutrinária e importância histórica os quatro primeiros, de Niceia (325) a Calcedônia (451). O primado a eles concedido deriva sobretudo do fato de que formularam os dogmas fundamentais do cristianismo, relativamente à Trindade (com Niceia e o Constantinopolitano I) e à Encarnação (com Éfeso e Calcedônia). Por isso, já Gregório Magno (Ep.125) os via, junto com os evangelhos, como a pedra quadrangular colocada como fundamento do edifício da fé"* (PERRONE, 1995: 13).

O Concílio de Niceia (325)

Frente à autonomia do bispo local, o processo conciliar poderia ajudar a enfrentar e dirimir as questões e contendas doutrinárias e disciplinares; e se tornou uma possibilidade de expressar a unidade da Igreja. Não se pode esquecer da interferência do Imperador na convocação dos concílios. Até o 2º Concílio de Niceia (787), todos os concílios foram convocados pelo imperador. Ao fazer a convocação, o imperador compreende que as divisões no interior da Igreja eram mais graves e perigosas do que as guerras. Constantino, que assume o poder absoluto em 324 e governa até 337, tinha a convicção de que *"para manter o império unido, era necessária uma fé comum ortodoxa"* (cf. FERRARO, 2004: 13). Para Constantino, estrategista político, *"era evidente que a Igreja imperial não poderia se contentar com confissões de fé mais ou menos divergentes das Igrejas locais ou provinciais. Ela tinha necessidade de uma confissão de fé ecumênica unívoca, que se tornaria a lei da Igreja e lei do Império para todas as Igrejas. Ele pensava que somente isto poderia assegurar a unidade do Império, conforme a sentença: um Deus, um imperador, um império, uma Igreja, uma fé!"* (KÜNG, 1999: 267).

Diante da nova situação – não mais perseguição, mas aceitação, "a *realidade eclesial também passa a ser objeto da política do imperador, que vê a Igreja como um elemento fundamental do seu projeto de governo. Então o concílio, de estrutura interna da Igreja – expressão de sua comunhão de fé e disciplina –, passa a um instrumento para a realização do novo papel público de que a Igreja se investiu, para sustentar o bem-estar e a unidade do Estado"* (PERRONE, 1995: 16).

Para se compreender as definições dogmáticas, é necessário levar em consideração o contexto sociopolítico e cultural no qual são produzidas e quais os interesses que estão em jogo. Este contexto sócio-histórico marca a influência do poder imperial sobre as definições doutrinárias: "*O dogma cristológico clássico expressa o desejo imperial de unificar e controlar uma Igreja criada pelas diversas interpretações de Jesus que se desenvolveram nos começos do cristianismo*" (SCHÜSSLER FIORENZA, 2000: 38). Por isso, para a compreensão das controvérsias, "*não podemos deixar de lado este componente sociológico, como também as questões culturais, pois as diferentes profissões de fé estavam enraizadas na cultura própria de cada igreja local e as fraturas dogmáticas se dão ao longo de determinadas fronteiras culturais*" (FERRARO, 2004, 14-15). O contexto sócio-histórico no qual a profissão de fé é formulado, torna-se uma exigência da própria inculturação da mensagem cristã, pois "*o cristianismo expressou progressivamente sua teologia, seu Credo e suas estruturas ministeriais nos parâmetros culturais do universo greco-romano. Teólogos da Reforma protestante chamaram a atenção para o fato de que esta helenização do cristianismo representaria uma perigosa falsificação. A advertência contra a helenização do cristianismo diz, o que vale cada tentativa de inculturação. Ela é "deficiente", já que os mistérios de Deus não cabem em nenhuma cultura humana. Deus permitiu que em cada cultura emergissem partes de sua verdade ("sementes do Verbo"). Assim a crise de uma cultura nunca se pode tornar uma crise da razão de Deus. O paradigma da inculturação exige, necessariamente, a complementaridade de múltiplas expressões e rostos eclesiais. O perigo do cristianismo não está nas experiências de uma "inculturação imperfeita", mas na imposição normativa –* urbi et orbi – *de* uma *'inculturação imperfeita"* (SUESS, 1994: 84)[48].

A profissão de fé nicena mostra o conflito e as tensões presentes no contexto histórico: conflito entre a imagem de Jesus e o imperador e que repercute também no conflito entre Igreja e Império. *"Este conflito tomará proporções cada vez maiores no decorrer da história da Igreja. A profissão de fé nicena contempla os diferentes interesses em jogo, buscando a afirmação dos princípios da doutrina e da disciplina e a denúncia contra o arianismo"*: *"Cremos em um só Deus Pai onipotente, criador de todas as coisas, visíveis e invisíveis; e em um só Senhor Jesus Cristo, Filho de Deus, nascido (gerado) unigênito do Pai, isto é, da substância do Pai, Deus de Deus, luz da luz, Deus verdadeiro de Deus verdadeiro, gerado, não criado, consubstancial ao Pai (homooúsion tô patrí), por quem todas as coisas foram feitas, as que estão no céu e as que estão na terra, e que por nós homens e mulheres (ánthropos) e por nossa salvação (sotería) desceu, se encarnou (sarkoténta), se fez humano (enanthropésanta), padeceu e ressuscitou ao terceiro dia, subiu aos céus, e há de vir para julgar os vivos e os mortos; e no Espírito Santo. Mas aos que afirmam: Teve um tempo em que não era e que antes de ser gerado não era, e que foi feito do nada, ou àqueles que dizem que o Filho de Deus é de outra hipóstase ou de outra substância, que é alterável ou mutável, a Igreja Católica os anatematiza"*(DENZINGER, 1996: 64).

O termo consubstancial (*homooúsios*) não era escriturístico (cf. PERRONE, 1995: 32), mantendo uma certa ambiguidade

---

48. *"A noção de cultura é um instrumento precioso para compreender as diversas expressões da vida cristã que existem no povo de Deus...O ser humano está sempre culturalmente situado: "natureza e cultura encontram-se intimamente ligadas". A graça supõe a cultura, e o dom de Deus encarna-se na cultura de quem o recebe" (Evangelii Gaudium, 115). "Não faria justiça à lógica da encarnação pensar num cristianismo monocultural e monocórdico" (Evangelii Gaudium, 117).*

e conciliava dois interesses: de um lado, acentuava a monarquia divina e, indiretamente, a terrestre, reforçando a política de pacificação de Constantino (cf. PERRONE, 1995: 34); de outro lado, atacava a doutrina ariana, que não admitia a mesma consubstancialidade do Pai e do Verbo. Para Ario, o Verbo é um 'segundo deus" (*déuteros Théos*). É criado pelo Pai, é a primeira criatura, o protótipo de todas as criaturas, mas não é Deus (cf. BOFF, 1986: 67). O termo consubstancial (*homooúsios*) pode ser visto a partir do ser de Deus, como fundamento do ser, mas pode também se referir ao homem Jesus: "*Essa afirmação de que Jesus, o Cristo, era "da mesma substância do Pai", pode ser também observada a partir do que poderíamos agora chamar de "substância do Filho", ou do homem Jesus. Neste caso, partindo desse homem, que é, em tudo, "da mesma substância humana", igual a nós, construímos a ponte para chegar à "substância divina". É bem provável que ao percorrermos esse caminho inverso, já distantes do mundo grego, cheguemos à constatação de que a linguagem do Credo não queria dizer outra coisa senão o seguinte: só podemos falar a respeito de Deus, falando a respeito desse homem, Jesus, que consideramos o Cristo. Ele é da mesma substância do Pai porque, na verdade, o Pai é, antes de mais nada, da mesma substância do Filho, muito embora a Igreja nunca se tenha animado a falar desse jeito. O termo "da mesma" significa identificação. Não se fala de uma substância ao lado da outra, mas da mesma*" (MARASCHIN, 1989: 108).

Niceia aponta para a compreensão da natureza divina do Verbo de Deus, e nos indica também seus atributos, mas, por outro lado, nos mostra que tudo o que conhecemos de Deus deve ser a partir da história de Jesus de Nazaré: "*Na afirmação "Jesus é Deus" a informação não vai de um predicado já conhecido à figura histórica ainda indecisa e ambígua de Jesus. Pelo contrário, o conceito de divindade, com suas especiais características por ser aplicável somente a um singular, tinha de ser preenchido com os atributos que surgiam da história concreta de Jesus. Isto quer dizer que qualquer interpretação "cósmica" de Jesus deve começar pelo que sabemos de sua história, e não pelo que supostamente conhecemos sobre o que é ou pode ser Deus"* (SEGUNDO, 1985, II/II: 311).

Percebemos a importância do Concílio de Niceia na medida em que nele se inicia o processo de introduzir a história de Jesus no interior da profissão de fé. Por isso é que a questão do Arianismo, presente em Niceia, carrega implicações de ordem política, econômica, social, cultural e teológica. Atanásio, ao defender a plena divindade de Jesus, como Filho de Deus, consubstancial ao Pai, é atacado e sofre cinco exílios (Roma, Treviri e três vezes no Egito) sob o governo de quatro imperadores. Na verdade, o exílio era uma arma empregada na luta dogmática da época e, portanto, carregada de significação político-econômica. No Egito, Atanásio provocou o boicote do trigo contra Alexandria e Roma, para poder mudar o rumo de seu destino. A profissão de fé se explicita no meio dos conflitos históricos e, é a partir deles que ela pode ser reinterpretada sem nunca perder o seu dinamismo interno (cf. FERRARO, 2004: 20).

O Concílio de Niceia sinaliza para a história de Jesus de Nazaré, mas não tira nenhuma conclusão desta historicidade em relação aos atributos, pois de acordo com as características do pensamento da época, *"a realidade divina era experimentada como elevada acima de nossa situação humana e de modo oposto a esta nossa situação. Segundo sua essência, Deus é eterno, onipotente, imutável, independente, impassível e imóvel. Esta concepção de Deus, que está em flagrante oposição com o nosso atual enfoque de um Deus "padecente" ou "compadecente" e um Deus "em movimento", encontra-se tanto entre os alexandrinos como entre os antioquenos"* (BAVEL, 1982: 85).

A dimensão humana que se encontra no conceito de "encarnar-se (*sarkotenta*) se completa pela palavra "tornar-se humano, "tornar-se gente" (*enanthropésenta – humanatus est*). A palavra *ánthropos* significa ser humano, ser gente, ser da raça humana, ser um de nós. Sem negar o fato de Jesus ser humano do gênero masculino, o que é acentuado pelo conceito empregado é sua pertença à humanidade: "*A fé cristã não quer ressaltar, aqui pelo menos, a masculinidade de Jesus, como se essa masculinidade tivesse sido privilegiada por Deus na encarnação em detrimento da feminilidade. Jesus é "homem", "macho", apenas acidentalmente. Se Deus se tivesse mostrado como ser humano numa outra cultura, poderia ter-se revelado como "mulher", "fêmea", sem que houvesse alteração alguma na essência do que queria mostrar*" (MARASCHIN, 1989: 125). O tornar-se humano indica que a encarnação abrange toda a humanidade: "*Em razão da afirmação de que a encarnação abrange a humanidade de todos os seres humanos, de todas as raças e condições históricas e de ambos os gêneros, torna-se evidente que a capacidade de Jesus Cristo de ser o salvador não reside em sua masculinidade, mas em sua história de amor e de libertação no meio das potências do mal e da opressão... A teologia terá atingido a sua maioridade quando a particularidade que se destaca não é o sexo histórico de Jesus, mas o escândalo da sua opção pelos pobres e pelos marginalizados no Espírito do seu Deus-Sophia misericordioso e libertador. Este é o escândalo da particularidade que realmente interessa, centralizado que está na criação de uma nova ordem de plenitude na justiça. Para este objetivo, a linguagem da teologia feminista em relação a Jesus, a Sabedoria do Pai, desvia o centro da reflexão da masculinidade para concentrá-la no significado teológico total daquilo que se realiza no evento de Cristo*" (JOHNSON, 1995: 244-245; cf. tb. GEBARA, 2000: 230).

Concílio de Constantinopla I (381)

A proclamação de fé do Concílio de Constantinopla confirma a fé nicena e reconhece a divindade do Espírito Santo, reconhecendo-o como *"Senhor"* e *"Doador da Vida"*, *"procedente do Pai"*, *"adorado e glorificado junto com o Pai e o Filho"* (Dz., 85): *"Graças a ele que o resultado doutrinário de Niceia passou definitivamente a constituir parte do patrimônio comum das Igrejas tanto do Oriente quanto do Ocidente. E seu efeito não foi só esse, pois a recepção do Constatinopolitano I, com seu símbolo, ajudou a formar a consciência a respeito da autoridade conciliar em relação à regra de fé"* (PERRONE, 1995: 37).

Constantinopla I afirmou a perfeição da humanidade de Cristo, junto com a perfeição de sua divindade. Sabemos que o concílio foi convocado pelo imperador Teodósio, que tentava restaurar a unidade religiosa do império sobre a base da ortodoxia nicena, buscando superar a divisão entre Oriente e Ocidente. Mas as tensões provenientes da controvérsia ariana ainda estavam vivas, indicando a dificuldade de se realizar a plena universalidade entre o Oriente e o Ocidente. A novidade de Constantinopla está em relação à profissão de fé no Espírito Santo que é considerado Senhor, vivificante, isto é, aquele que dá a vida, que procede do Pai e que recebe o mesmo louvor que é dado ao Pai e ao Filho ao ser adorado e glorificado. Segundo Basílio de Cesareia, esta afirmação em relação ao Espírito está na mesma ordem da afirmação do *homooúsios* aplicado ao Filho (cf. FERRARO, 2004: 25).

Concílio de Éfeso (431)

Em Éfeso, há uma nova situação histórica do Império e uma disputa entre as sedes de Alexandria e Constantinopla: *"Esse recru-*

descimento ocorre em concomitância com fatores de natureza política, induzidos pela rivalidade já tradicional entre as sedes de Alexandria e Constantinopla pelo primado no Oriente. Essa vertente política da divergência entre Nestório de Constantinopla e Cirilo de Alexandria não pode ser ignorada no relato dos fatos ligados ao concílio de 431, embora não deva ser levada a ponto de se considerar a matéria doutrinária mero pretexto para briga pelo poder. Se o séc. IV já deixara entrever alguns dos perigos que ameaçavam o instituto conciliar, a partir do séc. V esses fenômenos tendem a se intensificar. Não só se agravam os condicionamentos já presentes na origem do instituto do concílio imperial – como o controle direto do soberano sobre a assembleia dos bispos – mas os concílios passam a se ressentir também das lutas pela hegemonia entre os grandes patriarcados. Assim, se em 431 assistiremos a uma derrota de Constantinopla, em favor da sede Alexandrina, vinte anos mais tarde o Concílio de Calcedônia estabelecerá definitivamente o primado da "nova Roma" entre as Igrejas do Oriente" (PERRONE, 1995: 73).

No Concílio de Éfeso, há um deslocamento em relação aos concílios anteriores, na medida em que se passa da questão de Deus para a questão da encarnação. A preocupação é saber como Deus e o homem se unem em Jesus de Nazaré, ou como o Filho de Deus se tornara realmente homem. Éfeso afirma que a união entre o Verbo de Deus e Jesus é a união de uma pessoa que gramaticalmente atua como sujeito da frase: O Verbo é Jesus – Jesus é o Verbo. O Concílio de Éfeso afirma: *"Se alguém distribui entre duas pessoas ou hipóstases as vozes contidas nos escritos apostólicos ou evangélicos ou ditas sobre Cristo pelos santos ou por Ele mesmo sobre si mesmo, e aplica umas ao homem propriamente entendido separado do Verbo de Deus, e outras, como dignas de Deus, somente ao Verbo de Deus Pai, seja anátema"* (DENZINGER, 1963: n. 116). O Jesus da história assume o lugar central. Traços da história humana de Jesus são indicados e relacionados com os atributos de Deus: *"Se alguém se atreve a dizer que Cristo é homem teóforo ou portador de Deus e não o Deus verdadeiro, como filho único e natural, o Verbo que se fez carne e teve parte de modo semelhante a nós na carne e no sangue* (Hb 2,14), *seja anátema"* (DENZINGER, 1963: n. 117). O que se relaciona com sua história de Jesus incidirá na compreensão de Deus: um Deus que sofre, que ama, que morre: *"Se alguém não confessa que o Verbo de Deus padeceu na carne e foi crucificado na carne, que provou da morte na carne e que foi feito primogênito entre os mortos (Cl 1,18) e que é vida e vivificador como Deus, seja anátema"* (DENZINGER, 1963: n. 124). Por causa da encarnação, *"conceito de Deus, quando afirmamos que Jesus é Deus, é compreendido pelo que Jesus viveu em sua experiência de homem. O Concílio aponta para o que se convencionou chamar de "comunicação de idiomas". Até este momento, a linguagem sobre Deus e a linguagem sobre o homem não coincidiam. Aqui há o que se chama a comunicação entre dois níveis, entre dois planos de ser distintos; isto é, tanto a história de Jesus como seus atributos divinos formam uma só linguagem, com um só sujeito que se pode colocar como sendo o Verbo de Deus ou Jesus, sem mudar o sentido"* (FERRARO, 2004: 29).

Concílio de Calcedônia (451)

Também em Calcedônia a presença e o controle do imperador se fazem sentir, revelando as tensões existentes entre o papa e o imperador, que, seguindo uma linha de política religiosa, assegura a presidência do concílio através de uma comissão de funcionários imperiais: *"A presença dos comissários mostra claramente que a iniciativa no debate conciliar está, em grande parte, nas mãos do imperador, embora Leão pretendesse a presidência para seus legados, e formulasse uma espécie de regulamento para os procedimentos (Ep. 93, 95). Como para a convocação e o programa do concílio, também para a presidência havia diferentes pontos de vista entre Roma e o imperador. Para o papa,*

Calcedônia constituía um tribunal episcopal de caráter ecumênico, que baseado na fé definida pela Igreja romana devia julgar os hereges; como tal, era missão dos legados romanos presidir o colégio juridicamente. Para o imperador, ao invés, o concílio era chamado a formular, em seu nome, uma profissão de fé capaz de resolver o problema dogmático que dividia o Oriente, tratando só em segundo tempo os casos pessoais; nesta ótica, os legados ocupavam o primeiro lugar, mas no meio de um grupo que devia agir em nome do imperador e sob a orientação dos seus representantes" (PERRONE, 1995: 94).

Em Calcedônia, várias questões que estiveram presentes nos concílios anteriores voltam ao debate: "*Temos, em primeiro lugar, a remota história da evolução de Calcedônia: a redução da humanidade de Jesus a uma realidade aparente (docetismo, gnosticismo), a negação da igualdade em essência com o Pai (arianismo) e a rejeição da presença de uma alma humana em Jesus (apolinarismo). A verdadeira pré-história começa com o Concílio de Éfeso em 431. Nele sublinhou-se, contra Nestório, de modo especial, a unidade do Filho de Deus*" (BAVEL, 1982: 80). As palavras-chave nos concílios anteriores voltam à cena: *homooúsios* (consubstancial) – *ánthropos aletós* (ser humano verdadeiro). Entretanto, se em Niceia, *homooúsios* (consubstancial) foi usado para indicar a identidade de natureza de Jesus com Deus; em Calcedônia é usado para indicar que Jesus é "*uno no ser conosco, no que se refere à sua humanidade*". Cremos que estamos diante de uma clara intencionalidade: afirmar o que é humano em Jesus e que este humano não é absorvido pela divindade, mantendo-se a alteridade da humanidade na mesma pessoa. Esta mesma intencionalidade nos parece presente no Vaticano II: "*Com efeito, por Sua encarnação, o Filho de Deus uniu-se a todo homem. Trabalhou com mãos humanas, pensou com inteligência humana, agiu com vontade humana, amou com coração humano*" (*GS*, 22). Quem, pois, trabalha com mãos humanas, pensa com inteligência humana, age com vontade humana e ama com coração humano, é humano, é gente! (cf. FERRARO, 2004: 33-34). Calcedônia afirma a plena humanidade de Jesus. Se tomarmos a compreensão da pessoa humana pela psicologia e pela filosofia, podemos afirmar, sem negar a intencionalidade de Calcedônia, que Jesus é também uma pessoa humana: *"É opinião de um número cada vez maior de teólogos que a asserção 'Jesus é também uma pessoa humana", na acepção atual desta palavra, não está em contradição com Calcedônia. Cristo não tem uma personalidade humana distinta de sua personalidade divina, mas "é" uma pessoa humana, porque o Filho pessoal de Deus se tornou verdadeiramente homem. Hoje em dia não se pode simplesmente mais dizer que Jesus não é pessoa humana. Seria o mesmo que afirmar que Ele não é inteiramente homem, o que estaria em contradição com a intenção de Calcedônia"* (BAVEL, 1982: 87).

O Concílio de Calcedônia nos coloca uma questão de fundo: Como, então, conhecer a natureza divina? A natureza humana conhecemos pela história humana de Jesus, ou seja, pela sua vida, prática e inserção na história. Em relação à natureza divina, a lógica do Concílio de Calcedônia é que são esses mesmos atributos que nos permitem conhecer a natureza divina e não o caminho inverso. À pergunta – "Como é Deus?" – nós a saberemos seguindo a história de Jesus. Não é que tenhamos dois caminhos para conhecer a natureza divina: um conhecendo-a diretamente e outro conhecendo-a através de Jesus. Só temos um caminho: através de Jesus é que conhecemos quem é e o que é Deus (cf. Jo 14,5-9) (cf. FERRARO, 2004, 35). Calcedônia acrescenta ao Concílio de Éfeso que a história humana de Jesus se torna a linguagem sobre Deus. Todas as coisas que Jesus fez são atributos de Deus. Por isso, podemos dizer como E. Schillebeeckx: Jesus é Deus em linguagem humana (cf. SCHILLEBEECKX, 1994: 162-163; 2008: 74-75). Leonardo Boff atesta que *"humano assim só pode ser Deus mesmo! Jesus, o Homem que é Deus"* (BOFF, 1979: 193). Embora haja uma afirmação explícita de que Jesus é uma pessoa *"que se compõe do divino e humano e é tão humana quanto divina"*, permanece, na história do cristianismo, um movimento pendular entre a unidade e a distinção das naturezas, na mesma proporção do movimento pendular entre a humanidade e a divindade de Jesus. A busca de compreensão desta relação foi, é e será o desafio de cada época, pois o falar de Jesus com sentido, fidelidade e relevância é o papel da hermenêutica bíblica e do pensar teológico (cf. SEGUNDO, 1985: 61; cf. tb. FERRARO, 2004: 36).

3.2 *Controvérsias cristológicas e o tensionamento existente nas diferentes concepções cristológicas*

As controvérsias cristológicas estão condicionadas pelo pensamento helenista que se orienta pela ontologia do "ser" mais do que pela história do "acontecer", de tal modo que *"iniciou-se um processo de interpretação que progressivamente se foi distanciando dos fatos históricos da vida de Jesus e se vinculando cada vez mais à ontologia do ser do pensamento helenista. Ou seja, a cristologia foi se distanciando do Evangelho e se vinculando mais e mais aos critérios da interpretação do helenismo"* (CASTILLO, 2015: 125; cf. tb. p. 26 e 527)[49].

3.2.1 Erros cristológicos (controvérsias) dos séculos II e III

1) **Docetismo**: (Ligado ao Gnosticismo): Uma negação da Humanidade de Jesus. Tenta-se negar a realidade do corpo de Jesus: Sua morte teria sido aparente[50].

---

49. Roger Haigth explicita esta nova forma de interpretação do conteúdo da fé: *"Uma outra transformação efetiva e significativa no pensamento cristológico foi mediada pela mudança de linguagem, ou seja, a mudança de um modo de pensar que deita raízes em uma tradição cultural e religiosa judaica para um outro que é mais conscientemente filosófico e grego em seus fundamentos"* (HAIGTH, 2003: 316).

50. *"O docetismo afirmava que o corpo humano de Cristo não passava de fantasma; que seus sofrimentos e morte eram meras aparências. 'Ou sofria e então não podia ser Deus; ou era verdadeiramente Deus e então não podia sofrer'"* (BETTENSON, 1967: 57).

2) **Adocionismo**: Uma negação da divindade do Cristo. Jesus não é o Filho de Deus, mas foi habitado de maneira especial pelo Espírito de Deus em seu batismo, em vista da revelação que tinha por missão realizar.

3) **Adocionismo de Paulo de Samosata** (270 d.C.). Heresia cristológica: Maria deu à luz a um homem semelhante em tudo a nós e não ao Verbo e também trinitária, pois acaba desembocando no Modalismo. Só o Pai é pessoa. Jesus não tem a natureza idêntica à do Pai. Para Paulo de Samosata o Filho e o Espírito são apenas modos diferentes de manifestação da única divindade.

3.2.2 Erros cristológicos dos séculos IV-V: De Ario até Calcedônia

O Esquema, que propomos, procura sintetizar as controvérsias dos séculos IV-V d.C.

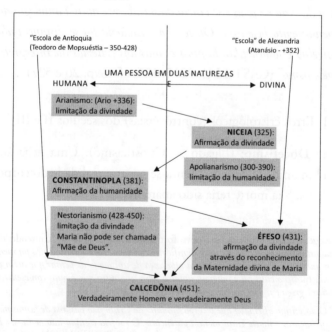

Notamos, neste esquema, um tensionamento que, hoje, poderia ser representado pelo otimismo cósmico ou conflito histórico.

a) Otimismo cósmico:

Embora apontando para o grande desígnio de amor do Pai (cf. *AG*, 1-5; Ef 1-2), esta tendência corre o perigo de esquecer, esconder ou camuflar os conflitos históricos, consequência do pecado estrutural, sobretudo nos países do terceiro mundo. Há o risco de se apresentar uma "ordem maravilhosa" do universo e da própria sociedade, que não corresponde à realidade vivida. Pode-se mesmo incorrer no risco de se justificar o atual estado de coisas com todas as suas injustiças estruturais, como foi denunciado em *Puebla*, 28-29, em *Aparecida*, 65, 402, 527, na *Evangelii Gaudium*, 53-60; na *Laudato Si'*, 106-109 e na *Fratelli Tutti*, 15-36, 168.

b) Conflito histórico:

Aponta para o sentido conflitivo da encarnação. Jesus entra em um mundo que necessita da graça e tem necessidade da salvação de Deus (cf. CATÃO, 1965: 24). Nos evangelhos, observamos que Jesus assume os conflitos estruturais de sua época: oposição aos detentores do poder religioso-cultural, econômico e político. Assume uma natureza histórica e situada no tempo e no espaço, em um contexto sócio-histórico com uma determinada situação de pecado real. Esta conflitividade o levou à morte. Percebemos, pois, que este modo de ver a encarnação parece estar mais enraizado na tradição evangélica. De certo modo, como já apontamos, esta maneira de analisar a encarnação parece estar na base da *GS*, 38, dos documentos de *Medellín*, *Puebla*, *Aparecida* e, de modo especial, na reflexão teológica latino-americana, na qual se insiste no sistema estrutural de injustiça que gera a morte, a marginalização e a miséria de grande parte da população.

Isto nos leva a compreender o que se passa atualmente com a teologia e, de modo particular, com a cristologia no contexto latino-americano, em que surge um novo interlocutor: o pobre ou, melhor ainda, a "irrupção do pobre". E pobre não mais entendido individualmente, mas como classe social, como subproduto de um sistema econômico-político injusto.

A presença deste novo interlocutor está exigindo uma nova compreensão de Jesus Cristo. A exigência de uma nova cristologia está, na América Latina, em ligação direta com a presença do pobre, da "não pessoa"[51], que questiona o sistema vigente. E isto ocorre no nível teológico, em que uma formulação tradicional já não mais satisfaz. Em nível filosófico, como reação a categorias provindas de uma mediação filosófica, normalmente metafísica, recorrendo-se agora às categorias provenientes das ciências do social e da ecologia. Em nível cultural, exigindo-se uma compreensão de Jesus Cristo não mais a partir do *centro dominador e repressivo*, mas a partir da *margem*, da *periferia*, que quer se libertar da *situação de pecado social*, fruto de uma *violência institucionalizada*, gerada por uma estrutura político-social que só favorece os grandes e poderosos e que nega e não respeita a diversidade cultural.

O atual processo de libertação que se opera na América Latina mostra muito bem que a cristologia deve "*mostrar a verdade do Cristo a partir de sua capacidade de transformar o mundo de pecado em Reino de Deus*" (SOBRINO, 1983: 356) e não está preocupada, embora não o exclua de sua tarefa, como na Europa, em mos-

---

51. "*Na América Latina, o diálogo do intérprete não é com um povo secularizado ou não crente, mas com um povo profundamente religioso e crente que vive em condições de não homem. Povo explorado, muitas vezes com o apoio tácito da própria Igreja. Na América Latina, a crise de fé não provem, em primeiro lugar, da secularização, mas do aspecto maquiavélico e diabólico da opressão, promovida, em grande parte, por nações e pessoas que se dizem cristãs e mantida em nome de uma civilização que se autoproclama 'ocidental-cristã'*", MESTERS, C. "*Interpretação da Bíblia em algumas Comunidades Eclesiais de Base no Brasil*", em *Concilium*, 158 (1980/8), p. 51 (999).

trar um Jesus que não esteja em contradição com a racionalidade do homem "adulto" e "secularizado" (problema do relacionamento entre fé e razão para o homem da cidade secular). Neste sentido, a cristologia na América Latina, sem desprezar o passado e sem desprezar as contribuições dos teólogos europeus, tenta mostrar a incidência de Jesus Cristo como força transformadora da realidade de opressão e exclusão que existe no continente latino-americano e caribenho. E isto a partir do fato de ser a cristologia a concentração cristã de toda a teologia. Em outras palavras, a cristologia deve ser apresentada na América Latina e Caribe como força capaz de motivar os cristãos e cristãs a lutarem (verdade, veracidade, eficácia, fé, esperança, caridade), como Jesus o fez, na tentativa de mudar a atual *situação de pecado social* em casa dos filhos e filhas do mesmo Pai-Mãe, lugar onde todos e todas possam ser tratados como filhos e filhas, cuidando da Casa Comum, e possam saborear a vida que Jesus veio trazer ao mundo e oferecer a todos (cf. Jo 10,10).

Questões para facilitar a compreensão e provocar debates

1) Quais as potencialidades e os limites presentes nas duas linhas explicativas da encarnação?

2) Observando o movimento pendular, presente nas controvérsias cristológicas, insistindo ora sobre a divindade de Jesus, ora sobre sua humanidade, como compreender este movimento pendular, hoje, na nossa vivência eclesial?

3) Analisando as afirmações dos diferentes concílios cristológicos, quais as repercussões que encontramos nos dias de hoje?

4) Como explicar a encarnação para uma geração habituada com a teoria evolucionista? Como compreender a encarnação ligada aos conflitos históricos?

5) Os debates envolvendo as controvérsias cristológicas redundaram na cristologia latino-americana. Nesse contexto, o novo interlocutor passou a ser o pobre. Além de ser sociológica, material e historicamente pobre, passou a ser considerado um *lugar teológico*. Quais são as consequências para a teologia ao assumir esta opção?

Capítulo 5
O Reino de Deus e a esperança messiânico-apocalíptica

O anúncio do Reino de Deus se dá no contexto de opressão e dominação em que vivia a Palestina do I século. Jesus se insere num contexto carregado de expectativas messiânicas e apocalípticas. Como literatura de resistência, a apocalíptica traduz a esperança da grande virada que a presença do enviado de Deus faria acontecer. Como movimento cultural retoma os valores da tradição do povo, para que este possa resistir os momentos de sofrimento e procura gerar esperança diante de uma situação opressiva em contradição com as promessas divinas. Com base na presença de Iahweh, que tem sempre a última palavra, espera-se a chegada do novo "eon", do novo "século", da "nova terra", do *novo mundo* e o fim da opressão.

Jesus, como profeta messiânico-apocalíptico, anuncia o Reino de Deus como mensagem central de sua pregação. Retoma a tradição do Deus-Goel, Defensor dos pobres. Articula-se com os movimentos populares da Palestina do I século que reivindicam o direito do povo sobre a terra. Proclama a ação de Deus em favor dos *Am-há-ares* ("o zé povinho"), os simples da terra. Como os diferentes grupos de seu tempo, o grupo de Jesus assume a conflitividade e a explosividade que contém o anúncio do Reino. Ao tomar posição frente aos problemas sociais, econômicos e políticos da época, entra em confronto com as classes dominantes religiosas e políticas do Estado Judeu e do Império Romano e acaba sendo perseguido por causa de sua compreensão do Reino em favor dos marginalizados e excluídos de seu tempo. Anuncia o *Ano da Graça do Senhor*, retomando a tradição do Ano Jubilar, mostrando a importância da partilha e a igualdade na convivência social.

Falar do Reino de Deus ou do Reino dos Céus é falar da utopia de Jesus de Nazaré. O Anúncio do Reino é o núcleo central do Evangelho (cf. Mc 1,14-15; Mt 9,35-36; Lc 4,16-30; Mt 11,2-6.25-26). O centro da mensagem de Jesus aparece 162 vezes no Novo Testamento, sendo 121 vezes nos evangelhos sinóticos. Palavra, portanto, muito importante para se conhecer a mensagem de Jesus. A palavra "Reino" (do grego – *Basileia*, e do hebraico – *Malkut*) (cf. NEUTZLING, 1986: 32-33) está ligada à grande expectativa de mudança da literatura apocalíptica. Deus vem para mudar a sorte de seu povo. O quadro abaixo ilustra a importância desta palavra-chave, que mostra o modo de Jesus falar como um dado de alto grau de historicidade de acordo com os exegetas e que também se tornou o modo de se expressar das comunidades que se formaram em seu seguimento (cf. NEUTZLING, 1986: 30-31).

	Mt	Mc	Lc	At	Jo	Paulo	Ap	Resto NT	Total
"Reino" (Basileia)	55	20	46	8	5	14	9	5	162
"Reino de Deus/dos céus"	37	14	32	6	2	10	1		102
"Reinar", tendo por sujeito Jesus ou Deus	1		3			10	7		21

"Rei" (Basileus)	22	12	11	20	16	4	21	9	115
"Rei", designando Jesus	8	6	5	1	14		2		36
(cf. QUES-NEL, 1997: 10)									

Jesus iniciou sua pregação pelo Reino, foi perseguido por causa do Reino e foi morto por causa do Reino. Por isso, para compreendermos o sentido da utopia presente nos evangelhos e no Novo Testamento, é preciso estar atento ao ambiente messiânico-apocalíptico da Palestina do I século. Importante também considerar que o movimento de Jesus estava próximo dos grupos que lutavam por uma libertação da Palestina do jugo dos romanos (fariseus, zelotas, essênios, batistas) e que sustentavam as aspirações populares, isto é, a vinda de um filho de Davi que libertaria a Terra Santa da opressão e da iniquidade. Esta libertação incluía o fim da dominação econômica, mas também o peso das enfermidades e o medo dos demônios, opressão religioso-cultural mais imediata do que o poder econômico e político das classes dominantes.

1 Jesus e o Anúncio do Reino no contexto messiânico-apocalíptico

Jesus se insere num contexto carregado de muitas expectativas messiânico-apocalípticas. Basta relembrar a dominação que pesava sobre a Palestina desde o ano 722 a.C., no Reino do Norte, e 587 a.C., no Reino do Sul, passando por vários impérios: Império Babilônico (605-539 a.C.), Império Medo (625-550 a.C), Império

Persa (539-331 a.C.), Império Helênico (336-141 a.C.), Império Romano (63 a.C. a 132 d.C.). O Povo da Palestina, terra de Jesus, sofreu a opressão por parte dos assírios, dos babilônios, dos medas, dos persas, dos gregos e dos romanos. São séculos de dominação política e cultural. São séculos de opressão econômica e, em muitos momentos, de verdadeiros massacres contra a população. Sobretudo com os romanos, podemos compreender que a realidade de vida na Palestina era extremamente dura. A partir da conquista de Pompeu (63 a.C.), podemos notar uma verdadeira devastação do país, com uma cobrança altíssima de impostos e uma agitação social generalizada: *"Na sua conquista inicial, e particularmente nas reconquistas subsequentes, os romanos trataram os habitantes brutalmente a fim de induzir o povo à submissão. Repetidamente, os exércitos romanos incendiaram e destruíram completamente cidades e massacraram, crucificaram ou escravizaram as suas populações. Por exemplo, quando Cássio conquistou Tariqueia, na Galileia, 'escravizou cerca de trinta mil homens', diz Josefo; e posteriormente (43 a.C.) escravizou o povo de importantes cidades regionais, tais como Gofna, Emaús, Lida e Tamna (Ant. 14.120, 272-275). Num caso, tal destruição foi feita simplesmente por causa da não obtenção, ou por atraso na obtenção, da arrecadação de impostos extraordinários, (G.J. 1.180, 219-220). Várias décadas mais tarde, Varo, legado da Síria, depois de capturar Séforis, 'vendeu seus habitantes como escravos e incendiou a cidade' (Ant. 17.288-289). E mandou crucificar os rebeldes presos pelas tropas – cerca de 2.000 (Ant. 17.295)"* (HORSLEY & HANSON, 1995: 44). No governo de Arquelau, entre o ano 4 antes de Cristo e o ano 6 depois de Cristo, a violência contra o povo era cruel: *"Foi um período marcado pela explosão da violência. Foram dez anos de revoltas, de repressão, de massacres. No dia mesmo em que Arquelau se apresentou pela primeira vez ao povo, no dia de Páscoa do ano 4, ele provocou um massacre de 3.000 pessoas"* (MESTERS, 1988/1: 75).

É dentro deste contexto de perseguição e opressão que se pode compreender a importância da utopia do Reino, anunciado por Jesus. A literatura apocalíptica que se desenvolveu, sobretudo, a partir do II século antes de Cristo e que avança até o II século depois de Cristo, embora seus primeiros escritos possam ser localizados bem antes, no exílio da Babilônia (586-538 a.c.), marca muito bem a grande esperança da época. Na verdade, a apocalíptica trabalha num campo em que a realidade presente está em contradição com as promessas. Retrata a posição de grupos de protesto e resistência frente ao opressor interno e externo. Jesus também pode ser compreendido nessa corrente, suscitando esperanças e expectativas com o anúncio do Reino. Não podemos nos esquecer de que Jesus era judeu e como tal está inserido na tradição de seu povo, que ansiava por libertação[52].

1.1 As principais funções da literatura apocalíptica

Falar da literatura apocalíptica é falar do relançamento da utopia na história, pois sua finalidade básica é suscitar esperança para o povo enfrentar o sofrimento e encontrar forças para vislumbrar saídas em vista do futuro. Neste sentido, podemos indicar três funções desta literatura e que acabam influenciando a dinâmica de todo o Novo Testamento.

a) A apocalíptica é um modo de se analisar a história

Diferentemente da escatologia profética, que *"vê o Fim a partir da História"*, a apocalíptica *"vê a História a partir do Fim"* (cf. CROATTO, 1990/3: 14). Exatamente porque acredita que Deus está no Fim, pode-se fazer obra histórica: *"O apocalip-*

---

52. Cf. VERMÈS, G. *Jesus, o Judeu. Uma leitura dos evangelhos, feita por um historiador.* São Paulo: Loyola, 1990; *A Religião de Jesus, o Judeu.* Rio de Janeiro: Imago, 1995.

se não nos descreve nenhum momento da história, mas revela-nos a profundidade permanente da história; é, pois, poderíamos dizer, uma penetração do Eterno no Tempo, da ação do Fim no Presente, da descoberta do Novo Éon, não no final dos tempos, mas nesta história, do Reino de Deus escondido neste mundo; de um lado, ele revela, portanto, o nó do problema, nó insolúvel, e não faz apenas um apelo à passividade, mas à obra específica da Esperança" (ELLUL, 1980 : 22-23). Neste sentido, a apocalíptica reinventou a profecia e a relançou numa situação de opressão.

b) A apocalíptica é um movimento cultural

A literatura apocalíptica procura retomar a memória perigosa do passado, para reavivar os valores da tradição. Neste sentido, tenta mostrar a importância da retomada destes valores num ambiente não favorável à sua vivência. Daí seu grande enraizamento no religioso: *"Em vista da frequente associação da exaltação política e reavivamento religioso, não é surpresa que no tempo dos macabeus a revolta contra Antíoco Epífanes tivesse se iniciado como um ato de protesto religioso e tivesse tido um caráter religioso, de modo que, quando, pela primeira vez, a literatura apocalíptica se nos tornou evidente no Livro de Daniel, é ela associada com um movimento de caráter tanto político como religioso"* (ROWLEY, 1980: 17; cf. tb. 51-53). Há um contra-ataque ao poder dos modelos do opressor através da resistência ideológica e contracultural, indo, se necessário for, até o martírio. Por detrás do confronto político, a apocalíptica deixa entrever uma verdadeira luta de deuses!

c) A apocalíptica é uma literatura de resistência

Os grupos, que produzem a literatura apocalíptica, surgem como forma de protesto contra a situação de dominação presente, que gera exclusão e marginalização e apontam para uma *virada,* que virá com a intervenção de Deus na história. Neste sentido, há não somente uma releitura das promessas antigas, mas também a *"revelação de outras promessas que têm a ver com o fim deste mundo ou história e o advento de um novo mundo/história em que os grupos agora marginalizados, oprimidos, perseguidos, únicos "fiéis" a Deus, serão salvos e desfrutadores. Esta "revelação" de tudo o que acontecerá implica segurança de que as promessas realmente se realizarão. Para quem nada tem (bens, felicidade, liberdade), esta segurança do fim favorável é geradora de esperança e contribui fortemente para a constância na fé no meio dos sofrimentos. Era isto um escapismo futurista? Nas situações em que nascem, os textos apocalípticos não são evasivos mas constituem uma literatura de resistência dos oprimidos; não criam conflitos de luta ofensiva contra os poderosos e sim um confronto contra-hegemônico no plano ideológico que torna o grupo coeso, debilita o opressor e ocasionalmente pode gerar uma defesa violenta"* (CROATTO, 1990/3: 12).

A literatura apocalíptica, com essas funções delimitadas pela situação de dominação e buscando uma alternativa possível frente ao sofrimento por ela causada, visava fundamentalmente animar a história com o Espírito de Iahweh, dando coragem aos *crentes* para enfrentarem os momentos difíceis já com seus dias contados. A esperança apocalíptica vem carregada de muita expectativa e apresenta algumas características significativas que ajudam na sua compreensão.

1.2 As características da literatura apocalíptica

a) "Este Mundo" está condenado a desaparecer

A apocalíptica não espera que o mundo mude para melhor, pois prevê *que este mundo* vai desaparecer. O fim *deste* mundo é um dos pontos centrais da preocupação da apocalíptica, pois há uma impossibilidade total de continuidade entre o *éon presente* e o *éon futuro*.

Por isso, o fim do mundo é esperado e a salvação vai aparecer com o mundo novo trazido por Deus e ele será dado às pessoas piedosas com uma glória que não terá fim. Quando no meio popular se fala de fim de mundo, normalmente esta fala vem associada a grandes catástrofes ou convulsões sociais, indicando que a presente situação não tem mais sustentação. Logo, deve vir o fim! Deve mudar esta *geração* (*toledot* em hebraico), este *éon* (grego), este *saeculum* (latim), esta *formação social* (linguagem sociológica), *esta sociedade* (linguagem eclesial). Desta forma, a apocalíptica é muito pessimista em relação ao presente e indica a chegada de um mundo *qualitativamente diferente*, que é pensado a partir *de cima* (cf. Ap 21,1-7). Poder-se-ia utilizar, para melhor compreensão da exigência de mudança, a expressão do "*inédito viável*" de Paulo Freire: "O inédito viável *é algo que o sonho utópico sabe que existe, mas que só será conseguido pela práxis libertadora, e passando pela ação dialógica, profetizou Paulo Freire na Pedagogia do Oprimido e na Pedagogia da Esperança. O inédito viável é uma coisa inédita, ainda não claramente conhecida e vivida, mas sonhada*" (HECK, 2017, §1). Pode ser compreendido como a utopia antecipada, presente na expressão do Fórum Social Mundial: "*Um outro mundo possível*"!

b) Ressurreição dos mortos e julgamento final

O *mundo que vem* é acompanhado do juízo de Deus sobre os justos e injustos e da ressurreição de todas as pessoas (cf. Dn 12,2; Jo 5,28-29). O julgamento final está associado ao *Dia de Iahweh*, presente nos profetas e que influencia também o Novo Testamento, sobretudo no que se refere à prática de João Batista (cf. Mt 3,1-17; Lc 3,1-22). Também a perspectiva apocalíptica da ressurreição dos mortos influenciou os textos da Paixão, mostrando que muitos mortos ressuscitaram e apareceram na Cidade Santa depois da ressurreição de Jesus (cf. Mt 27,52-53).

c) O fim do mundo antigo e a vinda do novo mundo

A representação do fim do mundo normalmente é associada ao fogo, por ser elemento de purificação. Em seu lugar aparecem novos céus e nova terra, como já se fala em Is 65,17-25 e 66,22. A chegada do mundo novo é concebida de duas maneiras: ou Jerusalém, a Sião e a Terra Santa serão transformadas de maneira a se tornarem o Jardim do Paraíso (cf. Is 65,17-25; Col 3,9-10; 2Cor 5,17; Rm 8,16-30), ou se mostra que o mundo novo já está preparado no céu e que no fim dos tempos ele descerá sobre a terra (cf. Ap 21,1-7; 2Pd 3,13; Mc 13,24.31; Mt 19,28; Dn 9). Podemos notar que esta linguagem apocalíptica traz consigo uma referência à utopia e sua função no interior da história. Certamente podemos traçar um paralelo com o *Jardim do Éden* do Livro do Gênesis, com *a Terra Sem Males (Yvy marã e'ỹ)* da cultura Guarani, com o Bem Viver e o Bem Conviver (Sumak Kawsay) da cultura quéchua ou mesmo com *a Sociedade sem classes* da tradição marxista. Na verdade, tem-se, aqui, a base antropológica dos mitos de origem e do fim da história. Em relação a Jesus, sua ressurreição se torna o *topos*, o lugar a partir de onde se pode analisar e compreender a história. Por isso, o Livro do Apocalipse o apresenta como o Cordeiro que tem o poder de abrir o sétimo selo (cf. Ap 8,1-13). A partir da ressurreição, o seguidor e a seguidora de Jesus têm plena certeza da vitória sobre o mal e sobre a morte e, por isso, age na história, apesar de todos os sofrimentos e da realidade em contradição com a promessa, pois a esperança não decepciona (cf. Rm 5,1-8). Aliás, a própria morte de Jesus é interpretada em moldes apocalípticos, pois Jesus morre em contradição com o que pregou. No entanto, Deus o ressuscitou e confirmou seu caminho (cf. At 2,36; Jo 8,14; 14,6).

d) O dualismo na apocalíptica

Há uma estrutura fundamental na apocalíptica que é comandada pelo dualismo: o mundo presente passa, o outro mundo vem (cf. NEUTZLING, 1986: 36-37). Pelo fato de que a *virada* (cf. Lc 1,46-56; 6,20-26; 16,19-31) decisiva se anuncia já nas tribulações do presente, não haverá muito tempo para que os sofrimentos cheguem ao fim e a felicidade seja dada aos justos. Quaisquer que sejam as provas que ainda devem cair sobre a comunidade dos piedosos, elas nada podem contra a certeza de que a salvação se aproxima. Este dualismo revela, ao mesmo tempo, uma visão pessimista e uma visão otimista. O *pessimismo* se revela na caducidade e transitoriedade do mundo presente e na sua perversidade. Por isso, ele vai passar. Ele não tem consistência e não poderá resistir indefinidamente. Podemos compreender, nesta perspectiva, a afirmação de Jesus em Jo 18,36, falando que *"seu reino não é deste mundo"*, pois o reino representado por Pilatos, por causa de sua perversidade, teria que ceder lugar ao *novo mundo*! O *otimismo* se revela no triunfo de Deus apesar das vitórias aparentes do mal. Esta concepção otimista é mais viva nos períodos de crise, para poder sustentar a fé dos que estão sendo perseguidos. Neste sentido, a linguagem do futuro apresentada pelos textos apocalípticos é funcional, nunca uma linguagem antecipada. O que importa é buscar a resposta para a situação presente, apoiando-se na certeza da vitória que virá. Do ponto de vista do Movimento dos Sem Terra (MST), podemos compreender esta característica da literatura apocalíptica, pois ao iniciarem a luta pela terra, eles já a conquistam nas suas representações. Assim, *"o futuro das representações apocalípticas não é o conteúdo da mensagem, mas o meio para exortar/consolar e manter a esperança para o momento presente de crise e sofrimento"* (CROATTO, 1990: 20).

1.3 O anúncio querigmático da apocalíptica: "Construir o Céu na Terra" (cf. Is 65,17-25; Ap 21,1-7)

A apocalíptica traz, em seu bojo, desde o seu nascimento, um grande poder querigmático: anuncia a esperança onde só se vê desgraça. Proclama a esperança, quando tudo parece perdido! Busca construir o céu na terra, para poder transformá-la. Esta literatura colocava-se frontalmente contra o poder dominante imperante: o império babilônico, helênico, romano. Hoje, esta literatura se coloca contra a dinâmica neoliberal[53] que critica todos aqueles que buscam lutar contra a injustiça, afirmando que quem quer o céu na terra, acaba produzindo o inferno! Por isso, esta literatura, que relança a utopia, deve ser relida por nós hoje, para suscitar esperança e a busca de caminhos novos de libertação[54].

2. Situação sócio-econômico-político-religiosa da época de Jesus: Valor teológico do contexto sócio-histórico

A prática de Jesus se insere nas condições objetivas de seu tempo. Como toda prática humana, a prática de Jesus também intervém em um campo de forças já existente. Jesus é, pois, uma pessoa inserida na realidade de seu tempo. A Palestina experimentou uma história de muita opressão e dominação por parte dos

---

53. *"Fazer oposição ao neoliberalismo significa, antes de tudo, afirmar que não existem instituições absolutas, capazes de explicar ou conduzir a história humana em toda a sua complexidade. O homem e a mulher são irredutíveis ao mercado, ao Estado ou a qualquer outro poder ou instituição que pretenda impor-se como totalitária. Significa proteger a liberdade humana, afirmando que o único absoluto é Deus e que seu mandamento de amor se expressa socialmente na justiça e solidariedade"* (Carta dos Superiores Provinciais da Companhia de Jesus da América Latina. *Documento de Trabalho*. São Paulo: Loyola, 1996, nº. 11, p. 19). Recentemente, o Papa Francisco retomou esta crítica ao que ele chama de *"dogma de fé neoliberal"*: *"O mercado, por si só, não resolve tudo, embora às vezes nos queiram fazer crer neste dogma de fé neoliberal. Trata-se dum pensamento pobre, repetitivo, que propõe sempre as mesmas receitas perante qualquer desafio que surja. O neoliberalismo reproduz-se sempre igual a si mesmo, ... como única via para resolver os problemas sociais"* (PAPA FRANCISCO. *Fratelli Tutti*, 168; cf. tb. *Evangelii Gaudium*, 53).

54. Cf. RICHARD, P. *Apocalíptica: Esperança dos pobres*, RIBLA, 7(1990/3), pp. 5-7; *Apocalipse: Reconstrução da esperança*. Petrópolis: Vozes, 1996, pp. 18-22; cf. tb. BARROS, M. *"As dores de parto do Reino de Deus. Os apocalipses dos pobres na América Latina"*, em *Concilium*, 277 (1998/4), pp. 109-117; V.V.A.A. *"O fim do mundo"*, em *Estudos Bíblicos*, 59 (1998).

diferentes impérios que a subjugaram. No que se refere ao contexto sócio-histórico da Palestina no tempo de Jesus esta opressão e dominação está bem presente: "*Durante as gerações anteriores a Jesus e especialmente durante as duas primeiras décadas da geração de Jesus, os governantes romanos dependentes, Herodes e Antipas, exacerbaram as pressões econômicas sobre as aldeias da Galileia. A angústia nas famílias e comunidades, porém, teria sido mais complexa do que a escassez econômica em si, pois as dificuldades econômicas trariam rapidamente como consequência também a desintegração social*" (HORSLEY, 2004: 67). Este quadro nos faz compreender os protestos, as revoltas e os movimentos de renovação que podem eclodir devido à insegurança gerada pela opressão (cf. HORSLEY, 2004: 66; cf. tb. CASTILLO: 2015: 135-136). É neste contexto de opressão e dominação que devemos compreender o anúncio do Reino, como Boa-nova, como Boa Notícia de libertação.

2.1 O anúncio do Reino (Mc 1,14-15; Mt 9,35-36; Lc 4,14-30; Mt 11,2-6.25-26)

2.1.1 Explosividade da palavra "Reino" (Basileia)

A palavra *reino* (*basileia*) aparece não menos de duzentas vezes nos Evangelhos Sinóticos, se acoplada às expressões "*Reino de Deus*" e "*Reino do Céu*" (VERMES, 1995: 113); cf. tb. QUESNEL, 1997: 10) e, ao ser assumida por Jesus, não deixa de carregar a paixão política e religiosa presente em todos os grupos político-religiosos da época e de expressar toda sua ambiguidade: "*Jesus começa o anúncio de seu Evangelho pronunciando a palavra mágica "Reino". Como para nós hoje um "reino" só pode ter um sentido metafórico, e, por conseguinte, puramente religioso, esquecemos que essa palavra era portadora da mais explosiva ideologia no tempo de Jesus. Jesus conhecia perfeitamente o fato. Estava consciente da periculosidade que levava tal ambiguidade e que, pouco mais tarde, lhe traria a morte. Mas sabia que não poderia jamais exigir a fé dirigindo-se a pessoas humanas com palavras incolores e neutras. Que não podia exigir a fé, como nós tantas vezes pretendemos fazer, independentemente das ideologias que a fé veicula"* (SEGUN-DO, 1978: 142). Como já foi afirmado, o anúncio do Reino de Deus é a mensagem central da pregação de Jesus: *"Sem temor de equivocar-nos, podemos dizer que a causa à qual Jesus dedica daqui em diante seu tempo, suas forças e sua vida inteira é o que Ele chama de "Reino de Deus". É, sem dúvida, o núcleo central de sua pregação, sua convicção mais profunda, a paixão que anima toda a sua atividade. Tudo aquilo que Ele diz e faz está a serviço do Reino de Deus. Tudo adquire sua unidade, seu verdadeiro significado e sua força apaixonante a partir dessa realidade. O Reino de Deus é a chave para captar o sentido que Jesus dá à sua vida e para entender o projeto que quer ver realizado na Galileia, no povo de Israel e, definitivamente, em todos os povos"* (PAGOLA, 2010: 115; cf. tb. 134-135).

2.1.2 Todos os partidos religiosos da época se apresentam como portadores do "Reino"

Esta explosividade da palavra se explica pelo fato de que todos os grupos político-religiosos da Palestina do I século se apresentavam como portadores do Reino. Toda e qualquer pretensão político-religiosa, em nível do judaísmo da época, deveria estar embasada na ideia bem familiar da eminente chegada do Reino. Mesmo contando com a grande crise causada pela derrota do Reino de Judá pelos babilônios em 586 a.C., acarretando a perda da autonomia política (VERMES, 1995: 115), com a forte escatologização, produzida por longos séculos de dominação estrangeira (cf. HOUTART, 1982: 203-204, 222-224), com a literatura sapiencial que procurava sustentar o povo durante este longo período de opressão, a expectativa do reino continuava presente no coração do povo judeu da Palestina da época de Jesus. Prova disto são as inúmeras tentativas de libertação ocorridas nesse período e os contínuos massacres realizados pelos romanos, muitas vezes contando com a colaboração da classe dirigente de Jerusalém, para manter a Palestina sob seu domínio (cf. MESTERS, 1988/1: 74-767; cf. tb. PIXLEY, 1986: 12, 78-82).

Analisando a realidade político-religiosa desse período, podemos perceber que cada grupo procurava interpretar a situação do povo, como também buscava estratégias próprias para enfrentar a situação. Neste processo, cada grupo interpretava a seu modo a "chegada do Reino" (ECHEGARAY,1982: 69-70).

a) Saduceus

Os *saduceus*, colaboracionistas dos romanos, afirmavam que o Reino já havia chegado e não admitiam nenhuma alternativa para a presente situação. Na verdade, procuravam inviabilizar qualquer mudança, mesmo no futuro, negando a ressurreição. Desta maneira, não admitiam nem mesmo a contestação utópica, por temerem repercussões no presente. Os saduceus destacavam-se pela interpretação conservadora da Lei: "*Não aceitavam a ressurreição dos mortos, nem a predestinação, nem os anjos e espíritos que proliferam nas tradições rabínicas dessa época, por considerar tudo isto como novidade surgida por influência cultural estrangeira, sobretudo persa. Pela mesma razão, abandonaram as tendências apocalípticas que caracterizam outros grupos sociais e religiosos nos tempos de Jesus... Eram os mais ardorosos defensores do status quo e de uma pretensa literalidade da Lei, entendida meramente em termos de pureza ou impureza, circuncisão ou incircuncisão. Nada disso os impedia de se adaptarem à cultura greco-romana, nem sentir maior contradição entre os seus pruridos de ortodoxia e legalidade e sua colaboração ativa na política de assimilação ao Império*" (ECHEGARAY, 182: 73).

b) Herodianos

Os *herodianos* procuravam compreender a chegada do Reino como volta ao estado teocrático, tendo à sua frente o rei como mediador. Devido a sua política eficiente por causa de suas boas relações com Roma e devido às grandes obras realizadas no Templo por Herodes (40-04 a.C.), este grupo gozava de uma certa legitimidade frente aos judeus (cf. PIXLEY, 1986: 82).

c) Fariseus

Os *fariseus*, que se apresentavam como os *puros*, os *separados*, acreditavam que a chegada do Reino se daria pelo pleno cumprimento da Lei. Por isso, preocupavam-se em manter a *pureza da Lei* e tornaram-se, no período da dominação romana, o partido popular de resistência passiva. Frente aos romanos, procuravam manter a política de paz com os governantes, esperando a ação de Deus em favor da libertação do povo; mas, frente aos abusos de poder dos procuradores romanos, em relação ao Templo ou em relação à Lei, usavam de sua influência no meio do povo, sobretudo através de sua presença nas sinagogas de toda a Palestina e promoviam revoltas contra estas ameaças (cf. HOUTART, 1982: 82; PIXLEY, 1986: 84). Os fariseus tinham muita influência sobre o povo, devido a sua presença nas sinagogas: "*Os fariseus constituíam um movimento de forte orientação leiga, e de certo modo antissacerdotal. O grupo era dirigido por escribas não sacerdotes. Seus membros eram recrutados em todas as camadas sociais da população, mas principalmente em certos setores populares... Viviam em comunidades fechadas. Sua própria denominação significa "separados". A separação do resto do povo era para eles consequência externa da santidade garantida pelas regras de pureza do grupo. E, por esse motivo, consideravam-se o "verdadeiro Israel". A entrada na comunidade se fazia mediante cuidadosa seleção de candidatos. O tempo de provação, antes de pertencer formalmente à comunidade, durava de um a dois anos. Assim se determinava quem se mostrara apto para cumprir as práticas da comunidade"* (ECHEGARAY, 1982: 87-88).

d) Essênios

Os *essênios*, movimento de grande envergadura nacional e de tipo nacionalista, têm, ao que parece, suas raízes ideológicas no interior da tradição apocalíptica presente desde o século II a.C. e que se manteve até 130 d.C. O Reino para os essênios deve vir com força e deveria purificar o Templo, contaminado pela presença de estrangeiros e pela subserviência dos dirigentes judaicos e, sobretudo, pela ilegitimidade do sacerdócio exercido na época. Em Qumrã, este grupo chegou à extrema radicalidade, afastando-se da vida nacional, vivendo em comunidades separadas e esperando o momento da chegada do Reino, quando então a justiça seria implantada na terra (cf. VERMES, 1995: 39; PIXLEY, 1986: 83; ECHEGARAY, 1982: 95-101).

e) Zelotas

Os *zelotas*, surgidos na época do recenseamento de Quirino (6 d.C.), saídos do seio do farisaísmo, se recusavam a pagar os impostos aos romanos: *"A base teológica da sua recusa de pagar tributo era que, por meio desse gesto, os contribuintes estariam reconhecendo um legislador ou governante humano ao lado de Deus... Se Deus devia ser rei, não poderia haver nenhum humano além dele, nem mesmo um judeu"* (PIXLEY, 1986: 84). Por isso o ideal do Estado Teocrático ligado à vinda do messias constituía a razão de ser de sua luta. Por isso, retomando a mística e a tradição da luta armada dos macabeus, procuravam apressar a chegada do *reino*, combatendo os romanos e todos aqueles que colaboravam com eles (cf. ECHEGARAY, 1982: 101-109. Por vários momentos, na Palestina do século I, os zelotas conseguiram aglutinar o povo em sua luta contra os romanos e, sobretudo em 66 d.C., comandaram a guerra contra os romanos, tentando restabelecer a autonomia do Templo (cf. HORSLEY & HANSON, 1995: 186-207)[55].

f) Batistas

Os batistas, entre os quais privilegiamos o grupo de João, o Batista, revelam um processo de radicalização da luta do povo, voltando às raízes, para manter sua identidade. O grupo do Batista prega a necessidade da conversão, através do batismo a céu aberto, no Jordão, oferecendo a salvação a todos que se convertessem (cf. Lc 3,1-18; Mc 1,4-8; Mt 3,1-12). Critica o Templo e os sacrifícios aí realizados, colocando-se na linha dos grandes profetas (cf. Am 5,21-25). Insiste no jejum e anuncia que o *Reino* vai chegar na forma de um grande julgamento, reeditando o *Dia de Iahweh.* Não há dúvida de que a mensagem deste grupo tenha influenciado a Jesus e seu grupo, pois tudo indica que Jesus tenha compartilhado da ardente espera do *reino* do Batista, a ponto de se tornar seu discípulo, através do batismo de João (cf. Mt 3,13-17; Mc 1,9-11) (cf. SOBRINO, 1994: 114-116; HORSLEY & HANSON, 1995: 155-165).

3 Jesus: Reino de Deus e Deus do Reino

A Encíclica *Evangelii Nuntiandi* afirma: *"O próprio Jesus, 'Evangelho de Deus', foi o primeiro e o maior dos evangelizadores"* ... *"Como Evangelizador, Cristo anuncia em primeiro lugar um Reino, o Reino de*

---

55. Não temos espaço para uma discussão mais aprofundada sobre as diferentes interpretações do zelotismo. Alguns autores apresentam os zelotas como revolucinários na Galileia, ligados à luta pela terra, ao não pagamento do tributo a Roma, à libertação dos escravos; mas seriam *moderados* na Judeia, buscando apenas ter mais controle sobre o Templo. Outros autores apontam o grupo dos *sicários*, radicalmente contra os romanos e buscando a todo custo sua expulsão da Palestina (cf. GUEVARA, H. *Ambiente político del Pueblo Judío en tiempo de Jesús.* Madrid: Cristiandad, 1985; HORLEY, 2004: 48-51).

Deus, de tal maneira importante que, em comparação com ele, tudo o mais passa a ser "o resto", que é "dado por acréscimo". Só o Reino, por conseguinte, é absoluto, e faz com que se torne relativo tudo o mais que não se identifica com ele" (Evangelii Nuntiandi, 7, 8).

Nos textos evangélicos, notamos que Jesus apresenta o Deus do Reino a partir das raízes que estão no Antigo Testamento. Um Deus que se apresenta sempre ligado à história, ao mundo e às pessoas: *"Deus nunca aparece como um Deus-em-si, mas como um Deus para a história e, por isso, como o Deus-de-um-povo. "Eu serei vosso Deus e vós sereis meu povo" é a confissão de Israel. Nela se proclama um Deus por essência relacional, que se revela e que é em relação a um povo. Por mais diferentes que sejam as tradições sobre Deus no AT, têm em comum isto: que é um Deus-de, um Deus-para, um Deus-em, nunca um Deus-em si. Assim, no êxodo é Deus quem escuta os clamores de um povo para libertá-lo, constituí-lo em povo e torná-lo seu povo. Nas tradições proféticas é Deus quem defende os oprimidos, denunciando os opressores e anunciando uma nova aliança com seu povo. Nas tradições apocalípticas é Deus quem refará escatologicamente seu povo e a criação toda. Nas tradições sapienciais Deus continua aparecendo como providente, e quando se reflete sobre seu silêncio se trata de um silêncio ativo e dizente; não é mera ausência de Deus na história, mas silêncio que se faz sentir. A partir destas tradições também Jesus compreende a realidade última como unidade dual, um Deus que se dá à história ou uma história que chega a ser segundo Deus. Essa unidade dual, que é a realidade última, é o que formalmente se quer expressar com "o Reino de Deus" e o que Jesus anunciou"* (SOBRINO, 1994: 107-108; cf. tb. GARCÍA RUBIO, 2012: 36-38).

3.1 Jesus, como Profeta Apocalíptico, retoma o Projeto do Reino

Jesus anuncia o Evangelho do Reino (cf. Lc 4,18.43; Mt 11,5; Mc 1,14-15), num ambiente de dominação e opressão. Neste sentido, Ele procura resgatar a memória de salvação e libertação presente na história do povo de Israel. Ele *desengaveta* a promessa de vida (cf. Is 61,1-3) e vida abundante para todos (cf. Jo 10,10), para mostrar que o Deus que Ele prega é o Deus da Vida, o Defensor, o *Goel* do povo, cuja ação libertadora está presente na ação histórica de Deus (cf. Ex 3,7-10).

Na Palestina do I século, sob dominação dos Romanos, Jesus retoma o projeto de Deus, o projeto da Vida, presente no Antigo Testamento. Anuncia o Reino aos pobres e mostra-os como os primeiros destinatários de sua mensagem de salvação (cf. Mt 11,5; Lc 7,22). Estamos diante do núcleo central da prática e mensagem de Jesus que é *Evangelizar o Reino*. Evangelizar é, pois, resgatar a possibilidade da vida para quem não tem vida. "*Evangelizar é tornar o Reino de Deus presente no mundo*" (*Evangelii Gaudium*, 176). É, na verdade, recriar a *utopia*, o *sonho*, para quem estava esmagado pela situação de opressão que inviabilizava a possibilidade da vida. Jesus, com sua prática *refaz* a utopia, aponta para a possibilidade de se resgatar a vida dos pobres e excluídos: "*Sempre em relação com a libertação dos pobres, deve-se considerar um "logion" da fonte Q, testemunhado por Mt 11,5 e Lc 7,22. Para além do teor exato das palavras, pode-se reter, como provável, que este remonta substancialmente a Jesus. A referência a Is 61,1, quanto à alegre notícia dada aos pobres, e a Is 29,18-19, quanto às curas indicadas, mostra que em Jesus se cumpriram os sinais messiânicos do tempo escatológico pré-anunciado pelo profeta. Emerge além disso que a evangelização dos pobres, posta no fim do "logion", recapitula os gestos de libertação antes indicados. Evidencia-se assim que os pobres são evangelizados não só com uma proclamação verbal, mas também por meio de gestos eficazes de cura dos doentes e da ressurreição dos mortos. Jesus é um evangelista eficaz e operativo. Os beneficiários naturais do Reino de Deus, isto é, os pobres, como resulta da bem-aventurança, encontram uma libertação efetiva na sua atividade taumatúrgica. Por ela, irrompem na história os tempos escatológicos*" (BARBAGLIO, 1978: 103-119).

3.2 O anúncio do Ano da Graça

Frente à situação de dominação, fruto da dominação do Império Romano, Jesus aponta a retomada da tradição da terra como mediação da vida para todos. Anunciar o *Ano da Graça do Senhor* foi uma teimosia por parte de Jesus, que lhe valeu imediatamente a perseguição por parte dos grupos dominantes e que procuravam legitimar o *status quo*. Basta olharmos o contexto do anúncio em Lc 4,14-30 e veremos que, no final, nos vv. 28-30, nos defrontamos com o *rito do Bode Expiatório* (cf. GIRARD, 2004: 133-147) que deve ser eliminado para se retomar a tranquilidade da *ordem estabelecida*: expulsão da cidade, subida ao monte e tentativa de lançamento para o precipício. Percebemos, pois, que o resgate da vida, proposto a partir da posse da terra, foi uma retomada da memória perigosa do povo em relação à terra (cf. Lv 25,8-17; Dt 15,1-18; Ex 23,10-11; Sl 24,1; 115,16). Quer como prática efetivada (cf. Nm 36, 4-11; Ne 10,1-10), quer como utopia (cf. 2Cr 36,21; Ez 46,16-18; Is 61,1-3)[56], a retomada da tradição do Ano Jubilar, por Jesus, mostra a importância que a igualdade e a partilha têm no interior de sua pregação. A paz, neste sentido, só pode ser fruto da justiça (cf. Is 32,17) e da gratuidade a partir da prática de misericórdia (cf. Mc 2,1-3,6; Jo 13,34), sendo os pobres os primeiros beneficiários dela, mas repercutindo na vivência de todos (cf. Sl 133), pois Deus, como nos afirma Jesus de Nazaré, quer que todos sejamos irmãos e irmãs, filhas e filhos do mesmo Pai-Mãe (Mt 6,7-12; Lc 11,1-4), e por isso, Ele escolhe os últimos para que ninguém seja excluído. Cremos que temos, neste anúncio do Reino aos pobres e excluídos, o prenúncio de uma sociedade, na qual deve haver lugar para todos, sem exclusão

---

56. GNUSSE,R. *Não roubarás. Comunidade e propriedade na tradição bíblica.* São Paulo: Loyola, 1986, pp. 52-77; KIPPENBERG, H.G. *Religião e formação de classes na Antiga Judeia. São Paulo:* Paulinas, 1988, pp. 59-64; cf. tb. V.V.A.A. *"Tradições literárias do jubileu"*, em *Estudos Bíblicos*, 57 (1998); V.V.A.A. *"O Ano do Jubileu"*, em *Estudos Bíblicos*, 58 (1998).

de ninguém (cf. At 2,42-47; 4,32-35), uma sociedade onde caibam todos e todas. A partir do Anúncio do Reino, somos convidados/as, continuamente, a buscar alternativas de inclusão. Esta utopia não deve morrer nunca!

3.3 Jesus assume o anúncio do Reino como sua tarefa fundamental

Lucas retrata esta tomada de posição ao colocar na boca de Jesus esta afirmação: "*Devo anunciar a Boa Notícia do Reino de Deus também para as outras cidades, porque para isso é que fui enviado*" (Lc 4,43). Marcos nos relata o resumo da pregação de Jesus, contextualizando seu anúncio a partir da figura de João Batista: "*Depois que João Batista foi preso, Jesus voltou para a Galileia, pregando a Boa Notícia de Deus:*" *O tempo já se cumpriu, e o Reino de Deus está próximo. Convertam-se e acreditem na Boa Notícia*" (Mc 1,14-15).

Analisando os textos dos evangelhos, podemos afirmar, com toda segurança, que Jesus de Nazaré começou com a pregação do Reino, foi perseguido por causa de seu anúncio no meio dos pobres e desapareceu da cena pública por ter-se apresentado como o *rei deste reino* (cf. SEGUNDO, 1985. II/I: 134-136; cf. tb. JEREMIAS, 1977: 150-152). Lc 4,16-21 e Mt 11,2-6 apresentam um sumário programático da missão de Jesus. O anúncio do Reino vem, diretamente, ligado ao *Evangelho*, Boa Notícia, revelado aos pobres. Como afirma J. Sobrino, "*a fonte Q resume programaticamente a missão de Jesus em termos de boa-notícia aos pobres (Mt 11,2-5; Lc 7,18-22), equivalente à boa notícia do reino*"[57]. Neste sentido, Jesus se aproxima das esperanças e expectativas do povo do seu tempo. Articula-se com o movimento que reivindica o direito do povo sobre a terra, porque a terra é de Deus. Consequentemente, prega que não se deve pagar o tributo a César, porque isso seria aceitar César como Deus (cf. Mt

---

57. SOBRINO, J. *Op. cit.*, p.106.

12,13-17; Lc 23,2). A proclamação do Reino revela a ação de Deus em favor dos pobres, dos *Am-ha-ares*, os simples da terra.

Certamente esta tomada de posição de Jesus frente aos problemas concretos de seu tempo, a partir da ótica dos marginalizados e excluídos do seu tempo, acarreta-lhe a perseguição. O anúncio do Reino vem acompanhado de ações e gestos simbólicos que manifestam que Deus quer mudar a situação real da vida dos pobres. Os doentes são curados (cf. Mt 11,5). Os pobres e prostitutas, considerados *impuros* e *pecadores* (cf. Jo 7,49), entram no Reino no lugar dos *puros* (cf. Mt 21,28-32). O alimento é partilhado entre todos (cf. Mc 6,30-44. A ação misericordiosa de Deus se volta especialmente para os pequeninos (cf. Mt 11,25-26; Lc 15, 1-32). Enfim, o *reino vem para inverter* as posições (cf. Lc 16, 19-31; 18,9-14); opera uma verdadeira reviravolta na sociedade (cf. Lc 1,46-56). Jesus, por causa de sua prática a partir dos últimos, das vítimas da sociedade de seu tempo, interpreta a Lei e as tradições a partir das necessidades reais do povo. Não teme enfrentar as interpretações dos legistas e escribas, sempre que a vida esteja em perigo. Mostra que o Sábado é feito para a pessoa e não a pessoa para o Sábado (cf. Mc 2,23-28). Em outras palavras, a Lei deve estar a serviço da pessoa. E se a Lei e o Sábado não estiverem a serviço da pessoa, não estarão também a serviço de Deus!

O anúncio do Reino se concretiza na prática de Jesus voltada para a defesa da vida, sobretudo dos excluídos e marginalizados do seu tempo. Ele opera uma reviravolta e indica a necessidade de não nos conformarmos com o presente *eon*, com o presente *século*, com a presente *sociedade* (cf. Jo 18,36; Rm 12,2).

Perguntas

1. Em que sentido pode-se afirmar que a Utopia do Reino se apresenta como "possibilidade"?

2. Como você compreende esta afirmação que se segue: "*A apocalíptica é a conquista da consciência (reconstrução do céu), para a transformação da terra*"?

3. Selecione dois textos dos evangelhos, sendo que um deles enfatize a perspectiva profética de Jesus (*vê o fim a partir da história*) e o outro a perspectiva apocalíptica (*vê a história a partir do fim*) e destaque semelhanças e diferenças.

4. Enquanto literatura de resistência, como se relacionam o caráter político e religioso na apocalíptica?

5. A partir das características da literatura apocalíptica, indicar como se relacionam e se complementam *o já e o ainda não*? O fim *deste mundo* e a chegada *do novo mundo*?

6. Relacionar e elaborar um quadro sinótico-comparativo de como os grupos religiosos do tempo de Jesus se apresentam como portadores do Reino, destacando os pontos convergentes e divergentes.

Capítulo 6
A reinvenção da profecia a partir da apocalíptica

A grande novidade da literatura apocalíptica é a reinvenção da profecia num tempo de duras cargas que pesavam nos ombros do povo, devido à dominação que já durava vários séculos. O anúncio do Reino é feito num mundo conflitivo. Assume os conflitos e aponta para a necessidade de conversão (cf. Mc 1,15). E conversão significa, fundamentalmente, mudar a mentalidade e, para tanto, há a exigência de se mudar os critérios de julgamento. Uma das exigências, nesta mudança de mentalidade, é a convicção de que a presente situação não é a última possibilidade da história, pois Deus possibilita alternativas. Deste modo, a mensagem do Reino, revestida da roupagem apocalíptica, recria a profecia, mostrando que a história tem futuro e, portanto, o ser humano pode ter esperança, por pior que se apresente a presente realidade. Vivemos, nestes tempos de pandemia pela presença do COVID 19, momentos em que a possibilidade do ser humano desaparecer do Planeta Terra aparece no horizonte histórico. A nossa aposta em Jesus de Nazaré, proclamado o Cristo, o Senhor, o Salvador, o Libertador, presente em nossas vidas como o Senhor da História e o Cristo Cósmico nos ajudará a manter a Aliança prometida aos nossos patriarcas e matriarcas (cf. Gn 9,8-17)? Nesta ótica, a utopia do Reino, presente na pregação de Jesus, exige de todos, mesmo dos pobres, a fé no futuro, pois o futuro a Deus pertence!

Certamente, esta exigência de fé nas possibilidades de Deus é um dos grandes desafios que encontramos na prática pastoral. Muitas vezes, os pobres e excluídos acabam desanimando frente às dificuldades e não acreditam que há possibilidade histórica de mudança. Fecham-se à novidade e acabam caindo nos *sonhos fantasiosos* das classes dominantes que anunciam o *fim do mundo*. E como o fim já está próximo, não adianta apostar no novo que pode germinar na história. Por outro lado, há os que se recusam a aceitar o Reino que chega como graça e que anuncia a salvação aos pobres e excluídos. Usam seu poder para calar o grito dos que sofrem e estão em necessidade e acabam matando o próprio grito de Deus que clama no grito dos que sofrem (cf. Jr 16,22). Fecham-se em sua autossuficiência e acreditam que a história já chegou ao seu final. A partir de agora, não há mais lugar para a utopia. Basta repetir o presente! O futuro é pura cópia do presente. O sonho acabou!

A novidade da apocalíptica é a reinvenção da profecia em tempos difíceis e de pesadas cargas contra o povo. Afirmando que o Cristo ressuscitado já tem assegurado o fim, o cristão e a cristã são convidados a superar as dificuldades do momento presente com a firme convicção de que a situação atual não é a última possibilidade da história. Com esta certeza, as primeiras comunidades cristãs enfrentaram o poder do Império Romano, assumindo a espiritualidade advinda da apocalíptica. Recusaram a adorar a Besta e, retomando a prática de Jesus, romperam com o poder absoluto do império, afirmando que o Reino é o horizonte da história.

Hoje, frente à ideologia neoliberal que também se arvora como *o fim da história*, a retomada da apocalíptica aponta a importância de se retomar os valores fundamentais da convivência humana: justiça, igualdade, partilha, liberdade. O Reino de Deus hoje se traduz na luta pela libertação, devolvendo aos pobres e excluídos do continente latino-americano e caribenho e do mundo todo, a possibilidade da vida digna. Com base nos valores do Reino, os cristãos e cristãs, seguidores de Jesus de Nazaré, devem questionar a racionalidade econômica excludente imposta pelo neoliberalismo e apontar para Sumak Kawsay, a Terra sem males, a Nova Terra (cf. Ap 21,1-7), na qual todos possam ser acolhidos como filhos e filhas do mesmo Deus Pai-Mãe. Em outras palavras, seguindo a mística do Fórum Social Mundial, devemos dizer que *um outro mundo é possível*, pois o Espírito do Ressuscitado continua agindo na história e impulsionando-a para a plenitude. A apocalíptica aponta para a utopia do Reino. E para que serve a utopia? "*A utopia está lá no horizonte. Aproximo-me dois passos, ela se afasta dois passos. Caminho dez passos e o horizonte corre dez passos. Por mais que eu caminhe, jamais alcançarei. Para que serve a utopia? Serve para isso: para que eu não deixe de caminhar*" (Eduardo Galeano citando *Fernando Birri).*

Questionando a racionalidade econômica excludente imposta pelo neoliberalismo (cf. *Fratelli Tutti*, 33, 168; cf. tb. *Evangelii Gaudium*, 53-60), o Papa Francisco, no II Encontro Mundial dos Movimentos Populares, Santa Cruz de la Sierra – Bolívia, 9 de julho de 2015), indica o caminho do "inédito viável" (Paulo Freire) e afirma:

"*O futuro da humanidade não está unicamente nas mãos dos grandes dirigentes, das grandes potências e das elites. Está fundamentalmente nas mãos dos povos; na sua capacidade de se organizarem e também nas suas mãos que regem, com humildade e convicção, este processo de mudança. Estou convosco. E cada um, repitamos a nós mesmos do fundo do coração: nenhuma família sem teto, nenhum camponês sem-terra, nenhum trabalhador sem direitos, nenhum povo sem soberania, nenhuma pessoa sem dignidade, nenhuma criança sem infância, nenhum jovem sem possibilidades, nenhum idoso sem uma veneranda velhice. Continuai com a vossa luta e, por favor, cuidai bem da Mãe Terra*".

1 A utopia retomada

Em tempos de *Pax Romana*, que se inicia com Augusto Tibério (14 a.C. – 29 d.C.), a *Nova Ordem* acabou modificando ainda mais as formas tradicionais da vida do povo, aprofundando o processo que já fora iniciado com a dominação grega há aproximadamente 300 anos. O poder romano acelerou o processo de concentração da terra, através do endividamento progressivo dos camponeses que não conseguiam pagar os impostos exigidos por Roma e suas terras acabavam nas mãos da oligarquia do Templo ou com os colonos romanos (cf. Mt 9,35-36). Os antigos proprietários acabavam como assalariados dos grandes latifúndios ou vagavam sem destino fixo à procura de emprego ou de algum trabalho temporário para poder sobreviver (cf. Ap 6,6). Todo este processo era acompanhado de muita violência por parte dos romanos, reagindo com dureza contra todo e qualquer movimento de contestação. Esta situação produziu aumento da pobreza no campo e uma concentração da riqueza nas cidades: "*A nova ordem mundial, estabelecida primeiro pelas vitórias de Pompeu no Oriente e depois consolidada por Augusto, trouxe um longo período de paz e prosperidade para as já "civilizadas" regiões romanas e gregas do império. A Paz Romana possibilitou aos romanos extraírem mercadorias dos povos que haviam subjugado, na forma de tributos, tanto para sustentar suas forças militares como para pacificar as massas romanas com "pão e circo". Esta nova ordem mundial estabelecida por Roma como a única superpotência remanescente, porém, significava ruptura e desordem para povos subjugados do Oriente Médio como os judeus e os galileus. Ao conquistá-los e reconquistá-los, as forças militares romanas massacraram e escravizaram os habitantes e destruíram as suas casas e aldeias, especialmente nas áreas da atividade de Jesus, em torno de lugares como Nazaré e Cafarnaum*" (HORSLEY, 2004: 40; cf. tb. MÍGUEZ, 1995/3: 24-25).

2 Confronto com o Império Romano

Esta situação agravou-se com os acontecimentos da conjuntura internacional da época: *"Neste contexto conturbado de revoltas e golpes militares, três acontecimentos causam uma crise muito grande na vida das comunidades cristãs: a perseguição de Nero em Roma (64), o levante e o massacre dos judeus em várias partes do Império, sobretudo no Egito (66) e a revolução judaica na Palestina (66) que levou à brutal destruição de Jerusalém pelos romanos (70). Um quarto acontecimento mais interno às comunidades, a saber, a morte dos apóstolos e das testemunhas da primeira geração, fez aumentar esta crise e contribuiu para que a vida das comunidades entrasse numa nova fase"* (MESTERS & OROFINO, 1995/3: 42). Os cristãos perdem o privilégio, que era dos judeus, da isenção do culto ao imperador e se tornam alvo das perseguições por parte do Império. Deste modo, os cristãos vivem como uma pequena minoria sem nenhuma influência política.

O cristianismo nascente teve que acreditar na força de Deus na história e, para enfrentar tal situação, pautou-se pelo exemplo da Testemunha Fiel, Jesus Cristo, tão bem apresentado no Livro do Apocalipse, que torna a profecia possível em tempos de novos sacrifícios exigidos pelo Império. Além da dominação pela força política e pelo poder econômico, sobretudo através dos tributos ou mesmo pela escravização de populações inteiras, esta situação era legitimada pela ideologia dominante. O texto de Flávio Josefo, mostrando que a guerra contra os romanos seria como um insulto a Deus, revela-nos esta legitimação: *"Pois a quem tomareis como companheiros para a guerra? Todos os que vivem no mundo habitável são romanos, ou a eles sujeitos... Pois não há outra ajuda nem socorro senão em Deus; mas a este também o têm os romanos, porque, sem ajuda particular sua, seria impossível que Império tal e tão grande permanecesse e se conservasse"*[58].

---

58. JOSEFO, F. *Las Guerras de los Judíos*. Tomo I. Barcelona: Libros CLIE, 1988, p.260, citado por HINKELAMMERT, F. *Sacrifícios humanos e*

É frente ao Império, que se apresenta como o criador da Paz e da Ordem, que o cristianismo se insurge, assumindo a espiritualidade advinda da apocalíptica para se sustentar nos momentos de crise e de perseguição. Baseado nesta mística recria a utopia e aponta para alternativas, que Deus sustenta o povo com sua promessa (cf. Ap 21,1-7). Sobretudo em Ap 13, notamos uma crítica veemente ao Império: *"Este capítulo expressa a vida e a consciência da comunidade cristã oprimida pelo Império; ao lê-lo, sabemos como viviam os cristãos, como sentiam e pensavam a respeito do Império Romano. Eles viviam no Império, porém estavam excluídos da vida do mesmo (não podiam comprar e vender); viviam como condenados à morte por não adorarem o Império idolatrizado. A comunidade cristã representa a resistência ao Império; era uma comunidade de fé que descobria a presença de satanás no Império, tinha igualmente a inteligência para entender (calcular) a fragilidade deste mesmo Império. É a partir desta situação de exclusão, de resistência e de fé, que o autor faz esta crítica teológica ao Império Romano. Ele escreve para as Igrejas da Ásia Menor no final do primeiro século. Nesse contexto histórico, deve-se interpretar o Apocalipse. Também para nós esta visão pode ser paradigma e critério de interpretação"* (RICHARD, 1996: 194).

Alicerçados na mística apocalíptica da esperança, que aponta o Ressuscitado como vencedor, os cristãos recusavam a idolatria da Besta e do dinheiro. Por isso, eram malvistos e perseguidos: *"Condenados à morte economicamente ao serem excluídos do mercado; e condenados à morte política, cultural e espiritualmente, ao não reconhecerem a besta como deus. Os cristãos rejeitam ser transformados em objetos de Baal (o deus Império) e em objetos de Mamon (o deus dinheiro)"* (RICHARD, 1996: 199). Por isso enfrentam o Império e mostram por sua prática

---

sociedade ocidental: Lúcifer e a besta. São Paulo: Paulus, 1995, p. 118. Cf. tb. WENGST,H. *Pax Romana: Pretensão e realidade. Experiências e percepções da paz em Jesus e no cristianismo primitivo.* São Paulo: Paulinas, 1991, pp. 16, 28; HORSLEY, R.A. *Jesus e o Império: O Reino de Deus e a nova desordem mundial.* São Paulo: Paulus, 2004, p. 21.

que o Império Romano não é um sujeito absoluto a quem ninguém possa resistir. Por sua persistência e coragem, os cristãos romperam com a opressão e acreditaram na possibilidade do futuro. Hoje, podemos nos pautar por tal postura, pois estamos também numa conjuntura histórica onde ídolos e sacrifícios procuram dilapidar os fundamentos da vida, baseada na justiça, na solidariedade e na partilha. Pregam o espírito de competição e lucratividade, e, sobretudo, do salve-se quem puder! Também não respeitam a natureza, nossa Casa Comum: *"O que interessa é extrair o máximo possível das coisas por imposição da mão humana, que tende a ignorar ou esquecer a realidade própria do que tem à sua frente. Por isso, o ser humano e as coisas deixaram de se dar amigavelmente a mão, tornando-se contendentes. Daqui passa-se facilmente à ideia de um crescimento infinito ou ilimitado, que tanto entusiasmou os economistas, os teóricos da finança e da tecnologia. Isto supõe a mentira da disponibilidade infinita dos bens do planeta, que leva a "espremê-lo" até ao limite e para além deste"* (*Laudato Si'*, 106; cf. tb. 109, 118-119). Estamos diante da luta de valores que indicam também a luta entre deuses:

LUTA DE VALORES = LUTA DE DEUSES

VALORES NEOLIBERAIS RENTABILIDADE COMPETITIVIDADE LUCRATIVIDADE	VALORES DO REINO DE DEUS GRATUIDADE SOLIDARIEDADE PARTILHA

3 Confronto com o neoliberalismo e o redimensionamento da utopia hoje

É pensamento corrente, hoje, se falar do *fim da história* e do *fim das utopias*. Mas tudo indica que tal *"declaração do 'fim da utopia'* não *passa de manobra para encobrir utopias que não se querem confessar como tais"* (HINKELAMMERT, Dez-1994: 815). Tudo indica que as utopias fazem parte da condição humana e nenhum pensamento humano pode situar-se fora do horizonte utópico. O ser humano busca sempre transcender-se, procura alternativas, quando tudo indica a impossibilidade de mudança. O ser humano busca uma realidade para além da presente situação. Isto indica que a utopia parece fazer parte da condição humana. Negar a utopia é negar a própria condição humana (cf. HINKELAMMERT, Dez-1994: 816). Porém, a realização deste desejo de ultrapassar nunca se dá de forma plena no interior da história. Por isso o ser humano *"no seio da condição humana deve vislumbrar a esperança do impossível, encarnando-a em um mundo que continua condicionado pela morte. Contudo, como não se pode derivar a condição humana das leis das ciências empíricas, nunca se sabe* a priori *se uma meta atual vai além dos limites do possível e, portanto, da condição humana. Embora se conheça a morte como raiz da condição humana, não se conhece necessariamente onde se encontra a cada passo da ação humana o limite imposto por essa condição humana. No agir é que se descobre a condição humana. Andando é que se faz caminho ("se hace camino al andar...")* (HINKELAMMERT, Dez-1994: 817). É com base nesta esperança que podemos compreender a busca do Reino de Deus, do Sumak Kawsay, da Terra sem Males, da Sociedade sem Classes, da Nova Terra como o horizonte da própria história. Nunca totalmente alcançado, mas sempre desafiando a criatividade, a inventividade e a perspicácia humanas. É uma utopia não factível na história, mas que continua sustentando a esperança contra toda esperança de que o *novo* acontece!

Esta esperança contra toda esperança retrata a intuição presente na apocalíptica, pois indica a possibilidade de alternativa para a presente situação entendida pelo neoliberalismo como definitiva e que não permite nenhuma outra alternativa. Na verdade, o neoliberalismo se apresenta como *a alternativa* contra a qual não há alternativa!

Porém, hoje estamos diante de vários sinais que indicam uma nova postura. A crítica ao neoliberalismo como instituição absoluta está abrindo caminho para a busca de alternativas históricas que visam a construção de uma sociedade em que caibam todos e todas: *"Partilha-se profundamente a convicção de que um Projeto de Libertação hoje tem que ser um Projeto de sociedade na qual caibam todos e todas, e que isto implica uma ética universal, porém não dita princípios éticos universalmente válidos. Este Projeto tem que enfrentar a lógica da exclusão que está na base da sociedade neoliberal e da proposta globalizadora. Deve enfrentar a este Mercado Total ou capitalismo totalizante e suas implicações multidimensionais. Deve questionar a racionalidade econômica imposta e a eficiência competitiva. Um dos maiores desafios é a conquista de uma ética econômica justa que coloque o ser humano no centro e como eixo das decisões e não o capital e o lucro como se tem presenciado até o presente"* (GONZÁLEZ BUTRON, mar-abr-1997: 05). Neste sentido, *"fazer oposição ao neoliberalismo significa, antes de tudo, afirmar que não existem instituições absolutas, capazes de explicar ou conduzir a história humana em toda a sua complexidade. O homem e a mulher são irredutíveis ao mercado, ao Estado ou a qualquer outro poder ou instituição que pretenda impor-se como totalitária. Significa proteger a liberdade humana, afirmando que o único absoluto é Deus e que seu mandamento de amor se expressa socialmente na justiça e solidariedade. Significa, finalmente, denunciar as ideologias totalitárias, pois elas, quando conseguiram se impor, só apresentaram como resultado injustiça, exclusão e violência"*[59].

O Papa Francisco, em sua Carta Encíclica *Fratelli Tutti*, critica o *"dogma de fé neoliberal"*: *"O mercado, por si só, não resolve tudo, embo-*

---

59. *O neoliberalismo na América Latina. Carta dos Superiores Provinciais da Companhia de Jesus da América Latina. Documento de Trabalho.* São Paulo: Loyola, 1997, nº.11, p. 19. Este texto focaliza as razões do enfrentamento que se deve fazer ao neoliberalismo, oferecendo pistas concretas para a ação pastoral e social.

ra às vezes nos queiram fazer crer neste dogma de fé neoliberal. Trata-se dum pensamento pobre, repetitivo, que propõe sempre as mesmas receitas perante qualquer desafio que surja. O neoliberalismo reproduz-se sempre igual a si mesmo... como única via para resolver os problemas sociais... O fim da história não foi como previsto, tendo as receitas dogmáticas da teoria econômica imperante demonstrado que elas mesmas não são infalíveis. A fragilidade dos sistemas mundiais perante a pandemia evidenciou que nem tudo se resolve com a liberdade de mercado e que, além de reabilitar uma política saudável que não esteja sujeita aos ditames das finanças, "devemos voltar a pôr a dignidade humana no centro e sobre este pilar devem ser construídas as estruturas sociais alternativas de que precisamos" (Fratelli Tutti, 168).

Perguntas

1) O Reino de Deus se apresenta como o único absoluto na história. O sistema capitalista neoliberal se apresenta como *a alternativa* contra a qual não há nenhuma alternativa. É possível haver conciliação entre ambos?

2) Por que, a partir da atual economia de mercado e da ideologia neoliberal, a Utopia pode ser compreendida como expressão de um movimento de resistência? Em que se aproxima da prática de Jesus?

3) Reflita sobre esta afirmação: "*Fazer oposição ao neoliberalismo significa, antes de tudo, afirmar que não existem instituições absolutas, capazes de explicar ou conduzir a história humana em toda sua complexidade. O homem e a mulher são irredutíveis ao mercado, ao Estado ou a qualquer outro poder ou instituição que pretenda impor-se como totalitária*".

4) Compare a busca do Sumak Kawsay, da *Terra sem Males* com a Utopia do Reino.

5) Diante da afirmação de que *a esperança é a última que morre*, como compreender a situação de opressão que pesa sobre o povo latino-americano e caribenho por séculos?

Capítulo 7
As controvérsias evangélicas e o processo de rejeição de Jesus

As controvérsias evangélicas revelam a prática histórica de Jesus. O relato da prática de Jesus é feito a partir da fé pascal. Estamos diante de uma produção interessada em mostrar a fé da comunidade em Jesus de Nazaré. O relato é, na verdade, uma profissão de fé. Utilizando-se do gênero literário das controvérsias, o autor procura nos apresentar o querigma da comunidade. Os títulos apresentados nos orientam na compreensão da fé da comunidade e qual é o seguimento de Jesus que nos é mostrado.

As controvérsias evangélicas manifestam também o processo de oposição crescente contra Jesus e que termina no plano de matá-lo. Ao mesmo tempo, esta apresentação nos indica o grau de incredulidade daqueles que não aceitam a mensagem do Reino presente na prática histórica de Jesus. Neste sentido, as controvérsias revelam a interpenetração do político e do religioso e nos orientam na compreensão dos motivos da perseguição e da morte de Jesus. Inserindo-se na vida de seu tempo, Jesus se confronta com a Lei, com a religião e com o Templo, fazendo a partir de sua prática histórica uma contestação ao sistema de pureza que marginaliza os pobres do seu tempo. Jesus assume a conflitividade da vida humana e se posiciona em favor dos excluídos, mostrando um Deus que está em contradição com a situação religiosa sustentada pelos sacerdotes e doutores da Lei. O Deus de Jesus é maior e diferente, e acolhedor dos pobres (cf. Mt 9,36; 11,25-26).

Como os evangelhos apresentam Jesus? E a quem interessa Jesus? Estas perguntas nos levam a compreender que o *nosso* Jesus é sempre um Jesus *interessado*. Há sempre uma determinada ótica nas cristologias. Hoje temos que nos perguntar a quem é que interessa Jesus: aos pobres, aos negros, às mulheres, aos índios, aos migrantes, aos operários, aos camponeses, ao povo e aos meninos de rua? Desta resposta advirá uma determinada compreensão de Jesus e, a partir da análise de sua prática, teremos um reforço desta compreensão. A questão hermenêutica sempre tem um papel fundamental (cf. SOBRINO, 2008: 31-34).

1 As controvérsias evangélicas revelam a prática histórica de Jesus

Fazer cristologia é a tentativa de retomar a prática de Jesus de Nazaré, na medida em que também Ele assumiu as aspirações do povo de sua época (cf. MESTERS, 1988/1: 72-80). Neste sentido, é refazer o caminho percorrido pelas primeiras comunidades, tendo como fio condutor a experiência pascal: a presença do Espírito do Ressuscitado. O seguimento de Jesus no Espírito é condição *sine qua non (indispensável)* da cristologia. É no interior da história que somos convidados a professar nossa fé em Jesus Cristo a partir da própria fé de Jesus de Nazaré. Todos os títulos se enraízam em última instância na prática e na pessoa de Jesus. Este é o caminho a ser seguido por nós: *da prática de Jesus ao ser de Jesus e do ser de Jesus ao ser de Deus-Trindade: "Ao estudar o ser e o significado de Jesus não podemos dar por um óbvio que já sabemos quem é Deus e como Ele é, de maneira que a tarefa da cristologia se reduziria a decifrar e definir se Jesus se identifica com esse Deus que nós de antemão já conhecemos. Uma cristologia que se reduz a isso renuncia por isso mesmo à*

150

sua principal missão. Porque na realidade está renunciando a saber o que Jesus veio nos ensinar, antes de mais nada, por meio de sua vida, com suas palavras, com seus atos e, sobretudo, o que sua própria pessoa representa na história da humanidade" (CASTILLO, 2015: 79).

Vamos tomar, como ponto referencial, as controvérsias evangélicas que são reveladoras da prática histórica de Jesus e dos conflitos sociais, econômicos, políticos e religiosos do seu tempo e do contexto dos seus primeiros seguidores. As controvérsias nos ajudam a compreender o que se passava com o projeto do Reino de Deus anunciado por Jesus de Nazaré: *"O que na realidade produziu-se, a partir da vida que Jesus viveu e motivado pelo que Ele fez e disse, foi o confronto entre dois projetos. Dito de outra maneira, o que se produzia ali foi a incompatibilidade de duas formas fundamentais de entender a vida e aquilo que é o último determinante da vida, quer se lhe dê o nome de Deus ou denomine de outra forma...Se há uma coisa clara nos evangelhos, é que a forma de viver e de falar de Jesus, suas ações e ditos, provocaram um conflito. Um conflito que chegou a ser mortal. Foi, em última instância, o conflito entre dois projetos de vida: o projeto de Jesus e o projeto da religião"* (CASTILLO, 2015: 154).

Partiremos das controvérsias evangélicas, pois elas nos ajudam a compreender a vida e a morte de Jesus de Nazaré e também lançam luzes sobre a cristologia na realidade de opressão-exploração-exclusão e sofrimento-morte dos pobres na América Latina e Caribe, onde notamos uma contradição entre a realidade social e a profissão de fé cristã. Puebla assim se expressa: *"Vemos, à luz da fé, como um escândalo e uma contradição com o ser cristão, a brecha crescente entre ricos e pobres. O luxo de alguns poucos converte-se em insulto contra a miséria das grandes massas. Isso é contrário ao plano do Criador e à honra que lhe é devida"* (Puebla, 28; cf. *Santo domingo, 178-179; Aparecida, 61, 65, 393, 527).*

Na América Latina e Caribe, a cruz real é o pobre, o excluído. A opção pelos pobres torna-se uma opção teocêntrica (trinitária), ou seja, teológica no sentido de ser uma opção de Deus Pai: "*A opção pelos pobres significa, em última instância, uma opção pelo Deus do reino que Jesus nos anuncia. Toda a Bíblia, desde o relato de Caim e Abel, está marcada pelo amor de predileção de Deus pelos fracos e maltratados da história humana. É isso que nos revelam as bem-aventuranças evangélicas; elas nos afirmam, com profunda simplicidade, que a predileção pelos pobres, famintos e sofredores tem seu fundamento na bondade gratuita do Senhor*" (GUTIÉRREZ, 1991: 309). A opção pelos pobres se enraíza na vida e na prática de Jesus de Nazaré (cf. Mt 11,25-26; Lc 10,21): "*Nossa fé proclama que "Jesus Cristo é o rosto humano de Deus e o rosto divino do homem". Por isso, "a opção pelos pobres está implícita na fé cristológica naquele Deus que se fez pobre por nós, para nos enriquecer com sua pobreza. Essa opção nasce de nossa fé em Jesus Cristo, o Deus feito homem, que se fez nosso irmão (cf. Hb 2,11-12)*" (*Aparecida*, 392). Esta opção é também pneumatológica, se tomarmos a sequência da missa da Festa de Pentecostes, onde o Espírito é chamado de "Pai dos Pobres" (*Pater Pauperum*). Deste modo, "*A opção pelos pobres não é um tema da Teologia da Libertação, mas a premissa epistemológica para interpretar a Palavra de Deus*", tornando-se a "*chave hermenêutica para se entender o evangelho*" (SEGUNDO, 1986: 476).

Neste sentido, o pobre é o lugar teológico a partir de onde se lê o Evangelho. Isto porque a contradição fundamental continua sendo, para nós, a presença da opressão e da exclusão num continente que se diz cristão (cf. SOBRINO, 2008: 43-53). Podemos relembrar Bartolomé de las Casas ao afirmar que aqueles que se dizem cristãos, quando se olha sua prática, não o são: "*A causa pela qual os espanhóis destruíram tal infinidade de almas foi unicamente não terem outra finalidade última senão o ouro, para enriquecer em pouco tempo, subindo de um salto a posições que absolutamente não convi-*

nham a suas pessoas; enfim, não foi senão sua avareza que causou a perda desses povos, que por serem tão dóceis e tão benignos foram tão fáceis de subjugar; e quando os índios acreditaram encontrar algum acolhimento favorável entre esses bárbaros, viram-se tratados pior que animais e como se fossem menos ainda que o excremento das ruas; e assim morreram, sem Fé e sem Sacramentos, tantos milhões de pessoas. Isso eu posso afirmar como tendo visto e é cousa tão verdadeira que até os tiranos confessam que jamais os índios causaram desprazer algum aos espanhóis, que os consideraram como descidos do céu até o momento em que eles, ou seus vizinhos, provaram os efeitos da tirania" (LAS CASAS, 1985: 30).

1.1 As controvérsias revelam os conflitos sociais da época

Notamos, no Novo Testamento, uma pluralidade de interpretações, com uma unidade e uma coerência significativas. Podemos partir do querigma como dado básico do anúncio de Jesus Cristo no cristianismo inicial. O querigma é a proclamação do nascimento, crescimento, prática, morte, ressurreição de Jesus pelas comunidades cristãs do início do cristianismo. Do ponto de vista da hermenêutica (conflito das interpretações), devemos trabalhar com a articulação História-Querigma.

O querigma (cf. At 2,36; 10,34-43; Fil 2,5-11; Col 1,15; Hb 1,1-4; 1Cor 15,1-11) proclama a presença de Deus num acontecimento (*Dabar* – cf. Jo 1,14: *"Colocou sua tenda no meio de nós"*), situado dentro da história: vida-prática-morte de Jesus e relançado na história pelo Espírito – ressurreição. Tal acontecimento é visto dentro de duas dimensões ou óticas, que podemos articular dentro do seguinte esquema:

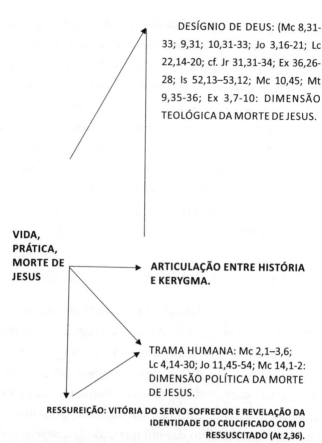

Mc 14,32-42 apresenta um contraste com textos anteriores, onde a revelação do Pai aparecia explicitante (cf. Mc 1,11; 9,7). Aqui há o *silêncio do Pai* (cf. Mc 14,36): *"Até então a iniciativa para o diálogo foi do Pai; agora não há nenhuma voz"*.

Mc 14,32-42 apresenta um contraste com textos anteriores, onde a revelação do Pai aparecia explicitamente (cf. Mc 1,11; 9,7). Aqui há o *silêncio do Pai* (cf. Mc 14,36): *"Até então a iniciativa para o diálogo foi do Pai; agora não há nenhuma voz que revele algo a Jesus. Porque sua petição se opõe ao modo de ser do Pai, que não quer intervir magicamente para resgatá-lo contra a dinâmica de sua própria prática e das práticas dos inimigos... Porém o que o Pai quer de Jesus? Já vimos que o texto não nos diz que seja ele mesmo quem entrega o Filho nas mãos dos pecadores (v. 41); quem o entrega é um homem (v. 42). O que o Pai quer não é que o Filho morra para "satisfazê-lo", mas que não escape magicamente da condição humana: que permaneça fiel e que assuma a conflitividade de sua história até o final, como consequência de sua opção em favor da vida ameaçada, e que não resista à violência usando o poder similar ao que o condena. Só assim poderá desmascarar o caráter homicida do "poder" do Centro e da Lei da Pureza, e romper o círculo diabólico que exclui o povo da vida"* (GALLARDO, 1997: 253).

Em outras palavras, Jesus assume a conflitividade da vida humana: *"Ao se localizar nesta situação a existência de Jesus se torna necessariamente conflitante. Se encarnação for aceitar e reagir diante da situação dada, a polêmica de Jesus com o poder religioso não é meramente didática, mas surge da própria dinâmica da encarnação. Jesus apresenta um Deus que está em contradição com a situação religiosa. O Deus de Jesus é diferente e maior que o dos fariseus"* (SOBRINO, 1983: 217). Jesus assume os conflitos e, em alguns momentos, ele mesmo cria os conflitos. As controvérsias revelam estes conflitos vivenciados na e pela prática de Jesus: *"O que é propriamente controvertível nestes relatos? Aparentemente a discussão versa sobre normas sociais e religiosas, mas digamos desde o início que o realmente controvertível é uma visão da realidade de Deus. Posto em forma de controvérsia, o que se debate é em nome de que Deus são sustentadas estas práticas, sejam sociais ou religiosas. Dito sistematicamente, o que Jesus afirma, e com o que defende sua conduta, é que seu Deus é um Deus de vida e que a partir daí se deve julgar a bondade ou a maldade das práticas e normas religiosas e sociais"* (SOBRINO, 1994: 243). As controvérsias giram em torno das grandes instituições da sociedade da época: Lei, Religião (Sistema de Pureza) e Templo (Messianismo).

1.2 As controvérsias revelam a prática de Jesus

A exegese do Novo Testamento afirma que os textos atuais são *produção* das comunidades, onde podemos encontrar material que remonta a Jesus de Nazaré e sua prática histórica, como também elementos provenientes da vida das comunidades (*Sitz im Leben*) e do próprio redator, sem falarmos de possíveis adições posteriores. Isto quer dizer que tais textos são *interessados* e nos relatam um *Jesus interessado.* Mas podemos encontrar, nestes textos, alguns elementos comuns a todos os textos evangélicos e, de modo especial, aos textos de controvérsias:

a) Relato da prática de Jesus

Percebe-se um interesse constante de enraizar Jesus no contexto histórico de seu tempo, numa clara perspectiva de fugir a um Jesus a-histórico e desligado dos conflitos reais do seu tempo (cf. PAGOLA, 2010: 61-84).

b) Jesus é apresentado como alguém inserido na história de seu tempo e de seu povo

O relato da prática de Jesus produz um rasgão no *código simbólico* que organiza as relações sociais da época. Tal prática é vista como:

- **Contestação do sistema de pureza**: "*Para o povo do tempo de Jesus, a observância da pureza era uma luta difícil e angustiante! Bastava um toque com algo impuro, por menor que fosse, e a pessoa já ficava impura, por mais pura que fosse antes. Como uma bolha de sabão! Tocou, estragou! Por exemplo, tocar em sangue, tocar num leproso ou comer a carne de certos animais tornava impuro (Lv 11,1-3; 17,15; At 10,11-14). Entrar na casa de um pagão tornava impuro (Jo 18,28). Comer com um não judeu ou um samaritano tornava impuro (At 10,28). Comer sem lavar as mãos tornava impuro (Mc 7,2-4). E muitas outras normas deste* *tipo (cf. Lv 11–27). O impuro era sempre mais forte e levava vantagem. A pureza do povo era uma pureza ameaçada, acuada, frágil, sem defesa... Assim, por causa destas leis em torno da pureza muita gente ficava marginalizada, excluída! Não podia participar!"* (MESTERS,1995:25). Jesus rompeu com este sistema de pureza e anunciou uma nova maneira de se conseguir a pureza (cf. Mc 7,1-23).

- **Promoção do sistema ou dom da dádiva**: *"Os valores que orientavam a comunidade de Jesus eram o contrário dos valores que orientavam e estimulavam a política do governo. Os discípulos e as discípulas viviam da partilha, não levavam dinheiro para difundir a Boa-nova, usavam meios pobres, tinham outra forma de exercer o poder, desenterravam os grandes valores do passado, a posse dos bens era comunitária. O povo se reconhecia neles. Assim, dentro da prática e da pregação de Jesus estava uma semente subversiva, capaz de, a longo prazo, desestabilizar e derrubar os valores ou contravalores que sustentavam o sistema, mantido pela política do governo de Herodes"* (MESTERS, 1995: 99-100). Privilegiava-se a troca, a partilha, a solidariedade, a reciprocidade entre as pessoas, como vemos nos textos evangélicos (cf. Mt 14,13-21; 15,29-39; Mc 6,30-44; Lc 6,27-36; Lc 9,10-17; Jo 6,1-15) e nos Atos dos Apóstolos (At 2,42-47; 4,32-37; 5,12-16). No sistema da dádiva, há uma reciprocidade entre as pessoas e grupos no doar, no receber e na devolução dos bens que podem ser materiais ou simbólicos.

- **Subversão do campo simbólico judeu centro/periferia**: *"Jesus declara de maneira categórica que o Reino de Deus é para os pobres. Ele tem diante dos olhos aquelas pessoas que vivem humilhadas em suas aldeias, sem poder defender-se dos poderosos latifundiários; conhece bem a fome daquelas crianças desnutridas; viu chorar de raiva e impotência aqueles camponeses quando os arrecadadores de impostos levavam para Séforis ou Tiberíades o melhor de suas colheitas.*

São eles os que precisam ouvir, antes de mais ninguém, a notícia do Reino" (PAGOLA, 2010: 130). Jesus, com sua prática, relativiza o Templo afirmando que Deus pode ser adorado em qualquer lugar (Jo 4,21-24; 2.19; Mc 13,2).

c) As controvérsias colocam uma questão central: "Quem é Jesus?"

Neste sentido, as controvérsias são expressão do querigma das comunidades primeiras do Novo Testamento. Expressam, neste sentido, a profissão de fé das comunidades e apresentam a identidade de Jesus. Típica, por este ângulo, é a perspectiva do Evangelho de Marcos que se articula do começo ao fim com esta dinâmica (cf. CNBB, 1996: 17-28):

Mc 1,1–8,16: Quem é Jesus?

Mc 8,27-30: Jesus é o Messias = Profissão de fé da comunidade.

Mc 8,31–16,8...: Que tipo de Messias? = O Servo Sofredor.

2 As controvérsias evangélicas e a hermenêutica

Há várias interpretações no Novo Testamento, mas todas elas conservam um eixo fundamental. Eis aqui algumas de suas características:

a) A experiência pascal não apaga a imagem histórica de Jesus, mas a revela em profundidade. O Ressuscitado é o Crucificado e o Crucificado é o Ressuscitado: *"Nas aparições pascais aparecem uma descontinuidade essencial: o Morto aparece vivo e o Crucificado, exaltado. Mas também se frisa a continuidade. A ressurreição não transformou Jesus de tal maneira que sua vida terrestre teria sido algo provisório, mas a ressurreição, sobretudo, dá validade definitiva e perene a essa vida. Em vista disso, Jesus será sempre o caminho para Cristo e correlativamente* *o seguimento de Jesus então – e analogamente na atualidade – será a condição necessária para ter uma experiencia direta – ou análoga – à das aparições*" (SOBRINO, 2000: 102-103; cf. tb. 54, 99).

b) As controvérsias nos apontam um NÚCLEO HISTÓRICO. Este por sua vez indica a prática de Jesus. Esta prática releva o espanto e o escândalo. Neste processo se dá a revelação da pessoa de Jesus, que se apresenta com autoridade e liberdade. Nota-se aí uma oposição crescente, uma tensão revelando a contestação de Jesus e de sua prática. Esta oposição se radicaliza e se operacionaliza, convertendo-se num plano para eliminar Jesus, através de uma trama humana, traduzida, no nível do texto numa significação teológica, como não aceitação do Reino, ou seja, a incredulidade. "*Seja qual for a historicidade de todos os detalhes, nos evangelhos aparece uma perseguição sustentada e progressiva, de modo que o final de Jesus não foi casual, mas a culminação de um processo histórico e necessário*" (SOBRINO, 1994: 292). O quadro pode nos ajudar a compreender esse processo presente nas controvérsias evangélicas:

c) A perseguição e morte de João Batista contextualizam a prática e a morte de Jesus. Os textos referentes ao testemunho de João Batista e sua morte (cf. Mc 1,11-15; Mt 4,17; 11,2-18; Lc 7,18-35; Mc 6,14-24) indicam a tomada de consciência por parte de Jesus de sua perseguição na linha da tradição do martírio dos profetas, compreendendo sua morte a partir dos acontecimentos do contexto sócio-histórico da Palestina do I século (cf. SOBRINO, 1994: 294-295; cf. tb. PAGOLA, 2010: 99-102; SCHILLEBEECKX, 2008: 130-133)). Temos aqui uma excelente aproximação da morte de Jesus com a morte de nossos mártires e da morte de nossos mártires com a morte de Jesus. Os anúncios da paixão poderão se inscrever dentro deste quadro, mesmo sabendo que o histórico está articulado com o teológico (cf. Mc 8,31-33; 9,30-32; 10,32-34).

2.1 As controvérsias no contexto histórico da época de Jesus

Jesus é visto como um pregador popular no ambiente de profundas esperanças messiânicas e radicais expectativas apocalípticas. Basta evocar a questão do Reino, como realidade de extrema explosividade na época do Novo Testamento. Isto pode ser compreendido pela interpenetração do político e do religioso, ou seja, a relação íntima entre Lei, Religião e Templo. Tal interpenetração aponta para um conflito que se estabelece desde o início e que se radicaliza no decorrer dos acontecimentos, gerando a *crise da Galileia* (Mc 8; Jo 6,66; 8,59; 10,31.39; 10,40; 11,8.16; Mt 13,12) (cf. SEGUNDO, 1994: 224-228) e mais tarde a *crise da Judeia no Templo* (cf. Mc 11,12-14; 20-26): "*O que ouviam a respeito de Jesus não podia senão despertar receio e desconfiança nos dirigentes de Jerusalém. Sabiam que ele provinha do círculo do Batista, o profeta do deserto que havia oferecido o perdão nas águas do Jordão, ignorando o processo de purificação dos pecados que eles controlavam no templo. Nunca aceitaram o batis-*

mo daquele sacerdote rural, que um dia se havia afastado deles abandonando suas obrigações. Agora, desaparecido o Batista, a atuação carismática de Jesus colocando-se na mesma linha profética dele, à margem do sistema sacrificial do templo, não podia senão irritá-los. Mais ainda ao verem que Jesus prescindia inclusive da liturgia penitencial de João e acolhia amistosamente os pecadores, oferecendo-lhes o perdão gratuito de Deus. De acordo com sua prática escandalosa, até os arrecadadores de impostos e prostitutas tinham um lugar no Reino de Deus, sem passar antes pelo processo oficial de expiação! Como tolerariam aquele desprezo ao templo?" (PAGOLA, 2010: 407). Os conflitos e oposição estão enraizados no contexto sócio-histórico da época e apontam na direção da compreensão do processo de rejeição, oposição, perseguição e morte de Jesus. Tal processo se nutre das motivações e conflitos provenientes da prática e atitudes de Jesus e dos grupos opositores em relação à Lei, às Tradições e ao Messianismo.

2.2 As controvérsias são constitutivas da maneira como Jesus se insere na história humana

Percebe-se, com nitidez, se seguirmos Mc 2,1–3,6, que Jesus de Nazaré é contestado em sua prática. Ao mesmo tempo, podemos tomar consciência de que as controvérsias são apresentadas a partir de um *Gênero Literário*. Essas controvérsias não querem ser apenas uma tradução das controvérsias rabínicas ou disputas de escolas, mas veiculam um valor querigmático, isto é, mostram um modo próprio da revelação da pessoa de Jesus. A partir das controvérsias encontramos a profissão de fé das comunidades. Ao mesmo tempo, as controvérsias mostram que a revelação do mistério de Jesus de Nazaré se dá articuladamente com o processo histórico. Temos aí mais uma vez a dinâmica da articulação entre história e querigma, como também a relação teologia e história. Por isso, do ponto de vista da exegese em relação à interpretação das controvérsias, será necessário levar em consideração o que é histórico, o que é da comunidade (Sitz im Leben), o que é do relator e, ainda, o que seria adições posteriores.

2.3 Mc 2,1–3,6: Cinco controvérsias que revelam cinco conflitos

Este conjunto de controvérsias nos permite uma leitura em três níveis diferentes e complementares: nível da tensão histórica, nível dos títulos e nível do ambiente vital das comunidades[60].

a) Nível da tensão histórica

1) Mc 2,1-12: Perdão concedido *por Jesus* a um paralítico curado

Notamos uma série de características do texto articuladas com o sistema de pureza e com a realidade do Templo. Nota--se a presença do *corpo amarrado*, *corpo impuro*. Manifesta-se também a necessidade de se ultrapassar a lei, isto é, é preciso *abrir o teto*, pois a religião apresenta-se acomodada a uma dada situação e controlada pelos escribas que se encontram *sentados*. Na verdade, encontramo-nos diante de uma prática alternativa ao Templo, pois a *prerrogativa de perdoar pecados* era reservada unicamente a Deus com a intermediação do Templo e dos sacerdotes. A prática de Jesus e depois de seus seguidores acaba *destruindo o Templo*, ou seja, destrói a influência do Templo sobre as pessoas em relação ao pagamento de impostos e a exigência de sacrifícios para o perdão dos pecados. Estamos diante da prática libertadora de Jesus que rompe com a prática do Templo baseada no sistema de pureza:

---

60. Para toda essa parte, cf. MOURLON BEERNAERT, P. *Jésus controversé. Structure et théologie de Marc 2,1-3,6*, em *Nouv. Rev. Théol* (février/1973), pp. 130ss... Cf. tb. SEGUNDO, J.L. *Jesus, o Libertador. I. A história de Jesus de Nazaré*. São Paulo: Vozes, 1994, pp. 242-249.

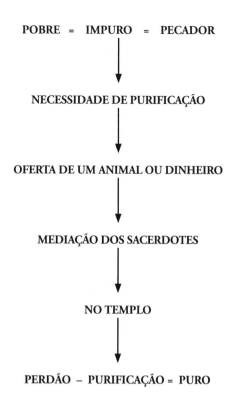

2) Mc 2,13-17: A refeição *de Jesus* com publicanos e pecadores

Estamos novamente diante do sistema de pureza. Comer com pecadores e publicanos significa contrair *impureza legal*. O comer junto com alguém, na mentalidade semítica, era oferecer a comunhão de vida: *"A insistência dos evangelhos, quando falam da alimentação, consiste na comensalidade, isto é, no fato de partilhar a mesa... Ao comer fazemos nossas forças. E se esse alimento é repartido com outros nos comunicamos, rompemos nosso isolamento e nossa solidão, e, sem saber exatamente por que, nem como, nos sentimos mais próximos uns dos outros, de forma que, na intimidade da refeição ou da ceia, caem por terra muitas de nossas barreiras de distanciamento e falta de comunicação; nos tornamos mais transparentes e nos fundi-*

mos, de alguma maneira, em uma autêntica comunhão" (PAGOLA, 2010: 327-328). A prática de Jesus rompe com este preceito do sistema de pureza e acarreta a imediata contestação por parte dos intérpretes da Lei.

3) Mc 2,18-22: O jejum desprezado *pelos discípulos de Jesus*

Com a presença do *esposo*, os discípulos não necessitam mais seguir a lei do jejum, pois a *novidade da era messiânica* já começa acontecer. Estamos diante de uma questão messiânica e que exige tomada de posição frente ao Reino e sua repercussão na história. Tal novidade *rompe o véu do Templo* (cf. Mc 15,38 indica que a prática de Jesus realiza um *rasgão* no código simbólico que organiza as relações sociais) e exige nova compreensão do Reino na história. A superação da lei do jejum indica a libertação do corpo das amarras da lei do sistema de pureza. Claro está também uma controvérsia com os grupos dos batistas e dos fariseus.

4) Mc 2,23-28: Espigas arrancadas *pelos discípulos de Jesus* no sábado

Esta controvérsia procura retomar o sentido da lei a partir de sua função de defensora da vida. Na verdade, estamos diante da retomada do Código da Aliança, na linha de Dt 5,12-15, onde a lei do sábado era vista na perspectiva do *descanso*, isto é, na perspectiva da defesa da vida. Tal interpretação conflita com a Lei de Pureza do Código de Santidade, na linha de Ex 20,8-11; Lv 23,3, que insiste mais no culto, sendo o sábado o dia dedicado a Iahweh. Percebe-se, nesta controvérsia, uma crítica direta à lei e ao culto que não se preocupam com a vida (cf. Dt 23,24-26; Am 5,21-25; Ecl 34,18-24; Lc 10,29-37). Na linha do Código da Aliança, a lei é sempre vista na perspectiva da promoção da vida. Em outras palavras, *a vida é mais importante do que a Lei* (cf. SEGUNDO, 1994: 243-244). Tal interpretação já podemos observar em Guilherme de Auxerre, em plena Idade Média, ao afirmar: *"O pobre em necessidade pode, sem pecar, tomar o necessário para viver"*. Para São Francisco de Assis, diante da necessidade, cessa a lei. A *Gaudium et Spes* assim traduz tal exigência frente à necessidade: *"Aquele, porém, que se encontra em necessidade extrema tem o direito de procurar o necessário para si junto às riquezas dos outros"* (*Gaudium et Spes*, 69). E em nota a esta afirmação vem a explicitação: *"Vale nesse caso o antigo princípio: 'Na extrema necessidade tudo é comum, isto é: deve ser comunicado"* (*Gaudium et Spes*, 69, nota 11).

5) Mc 3,1-6: A cura *por Jesus* do homem da mão seca

A prática de Jesus subverte o código simbólico da época. Não se podia curar aos sábados e, no entanto, Jesus mostra que não há tempo para se fazer o bem. Mais ainda se o sábado não favorecer o homem-mulher-pobre-excluído, ele não serve para Deus. Importa fazer o bem sempre e nenhuma lei poderá colocar obstáculo a esta prática libertadora. Para se compreender que esta controvérsia está enraizada na prática histórica de Jesus, este texto de Marcos pode ser comparado com Lc 13,10-17 e Jo 5,16. Sobretudo, em João, notamos a presença do aoristo que indica, no grego, ação continuada, ou seja, prática habitual e conflitante com a prática vigente por parte dos grupos dirigentes da época.

Este primeiro nível de leitura mostra-nos *a ligação da prática de Jesus com a vinda do Reino*. O Reino chega como salvação e libertação, manifestando que Deus quer a vida e não a morte. Podemos notar também que o número cinco (5) não é aleatório, mas representa, neste texto, o Pentateuco, como número da ação histórica de Deus. Em outras palavras, Marcos, simbolicamente, mostra que na prática de Jesus a ação de Deus encontra sua plenitude. Podemos notar também que no decurso das cinco controvérsias há uma oposição crescente e tal progressão na tensão termina no desejo de matar Jesus (cf. Mc 3,6).

b) Nível dos títulos

O texto de Marcos deixa-nos ver o trabalho redacional em pleno funcionamento. Mostra-nos a linha teológica do autor, procurando, a partir da prática histórica de Jesus, trabalhar o nível da interpretação, indicando os títulos que a comunidade dá a Jesus. Podemos sentir este trabalho observando os títulos nas cinco controvérsias:

1) Filho do Homem: autoridade para perdoar (cf. Dn. 2 e 7).

2) Médico: Mesmo título dado a Deus no Antigo Testamento.

3) Esposo de Sião, noivo: Título próprio de Deus no Antigo Testamento.

4) Herdeiro de Davi e Senhor do Sábado (Κυριοσ).

5) Juiz, Salvador, Defensor da Vida, Goel do Sangue: O título não está explícito, mas subentendido.

Este nível da leitura mostra-nos *a dimensão querigmática das controvérsias centradas na pessoa de Jesus*. Na verdade, tal nível de interpretação nos revela o modo de teologizar do redator, indicando-nos o caminho de seu trabalho redacional: da prática (do histórico) chega-se ao ontológico (ao teológico); da prática histórica ao ser de Jesus.

c) Nível eclesial (Sitz im Leben)

Esta terceira camada revela-nos os problemas e conflitos enfrentados pelas comunidades em seu ambiente vital. É importante notar que o texto atual traduz a vivência da comunidade que se espelha na prática histórica de Jesus e que serve de paradigma para a sua ação. Seguindo as cinco controvérsias, notamos a presença das seguintes questões:

1) Perdoar ou não perdoar pecados (Batismo-Penitência)

A prática histórica de Jesus revelava que o perdão e a cura se efetuavam na base da sociedade em contraposição ao Templo. Com isto a prática de Jesus conflitava com a prática do Templo e quebrava seu monopólio simbólico de salvação. Sabemos que, certamente, no momento da redação de Marcos, o Templo já havia sido destruído e a comunidade devia buscar outros meios para efetivar a salvação e os meios necessários para sua realização.

2) Receber ou não à mesa (Eucaristia)

A comunidade preocupa-se com os excluídos, os que não podiam encontrar meios de salvação (cf. Jo 7,49). Não podia seguir a prática do sistema de pureza, pois tal atitude repetiria a dinâmica da exclusão. Por isso, busca outras possibilidades de acolher os que eram considerados impuros pela sociedade vigente.

3) Jejuar ou não jejuar na Nova Aliança?

Questão crucial, pois entrava em jogo a questão da pertença ou não ao Povo de Deus. Aceitando Jesus como o Cristo, rompia-se com a sinagoga que continuava a pedir a chegada do Messias. O texto de Jo 9 nos ajuda a compreender o proceder de Marcos.

4) Observar o sábado judaico ou *o Dia do Senhor*?

A mudança de prática equivale a uma nova interpretação da lei e aponta na direção do rompimento com a tradição tal como era interpretada pelo grupo dirigente. Podemos observar que tal rompimento se efetua gradativamente, exigindo dos seguidores de Jesus uma nova compreensão como grupo. Esta controvérsia aponta para os primeiros sinais do rompimento entre o cristianismo nascente e o judaísmo.

5) Até onde ir nesta observância?

Notamos, nesta última controvérsia, uma ruptura na interpretação da lei como fruto da nova prática. Aí se enraíza a quebra definitiva do monopólio simbólico do templo, com a consequente repercussão no econômico, pois o Templo era o controlador da economia. O Templo, talvez já destruído, não mais exercia sua plena influência sobre as pessoas.

As controvérsias evangélicas nos ajudam a compreender o caminho trilhado por Jesus de Nazaré por meio de sua prática retomada pelas primeiras comunidades de seus seguidores. Neste sentido, elas são um relato da prática de Jesus mediado pelas comunidades. Elas nos proporcionam descobrir os motivos que legitimavam a sua rejeição e condenação à morte, mas sempre à luz da fé pascal que age nos textos evangélicos.

Perguntas

1) Em quais aspectos e perspectivas a cristologia latino-americana pode ser considerada muito mais que mera reflexão teológica sobre Jesus Cristo? Como você vê a relação história e querigma? Como as controvérsias (cf. Mc 2,1–3,6) podem auxiliar nessa compreensão?

2) Escolher uma das controvérsias contidas em Mc 2,1-27 e mostrar os aspectos querigmáticos (a profissão de fé e o título atribuído a Jesus) e históricos (prática, tensão histórica, conflito e a relação político/religiosa enfrentados por Jesus).

3) Analisar o ambiente de perseguição sofrido por Jesus, relacionando sua vida (práxis) e a consciência de Jesus em meio à perseguição. (Sugestão: Pesquisar a partir da obra SOBRINO, J. *Jesus, o libertador.* 2ª ed. Petrópolis: Vozes,1996, p. 288-300).

4) Quais os interesses da comunidade de fé em conservar os relatos das controvérsias?

Capítulo 8
A significação política e teológica da morte de Jesus

A morte de Jesus na cruz faz parte de nossa profissão de fé. Nas formas mais antigas do Símbolo Apostólico, encontramos a inserção da morte de Jesus na História. No **Símbolo Apostólico** se professa: *"Padeceu sob Pôncio Pilatos, foi crucificado, morto e sepultado"* (DENZINGER, 1963, n. 7; *Catecismo da Igreja Católica*, 1993, n. 148). No Credo Niceno-constantinopolitano também se afirma: *"Também por nós foi crucificado sob Pôncio Pilatos; padeceu e foi sepultado"* (DENZINGER, 1963, n. 86: *Catecismo da Igreja Católica*, 1993, n. 184). De acordo com o *Dicionário Aurélio*, o termo *padecer* significa: *"Ser afligido, atormentado, martirizado por, sofrer, suportar, aguentar, sofrer dores físicas"*. Esta evocação do Credo de nossa fé mostra que a morte de Jesus na cruz é histórica, fruto de procedimentos históricos e, por isso mesmo, o fato mais bem atestado de todo o Novo Testamento. Mesmo sabendo que os textos evangélicos são produções das comunidades para relançar o **Kerygma**, eles mostram a morte de Jesus baseada numa acusação política (cf. Lc 23,2-5; Mt 26,63; Jo 19,12-16; At 10,34-43), fruto de tensões econômicas, sociais, políticas e religiosas (cf. Mc 2,1-36; 7,1-23; 11,1-12,44) (cf. FERRARO, 1994: 13; cf. SOBRINO, 1994: 287). Para compreendê-la melhor, vamos analisar os motivos históricos da condenação de Jesus à morte de cruz e, levando em consideração a ligação História e Querigma, vamos buscar a compreensão dos motivos teológicos presentes nos textos do Novo Testamento.

A morte de Jesus na cruz é um dos fatos mais bem atestados do Novo Testamento. Além das fontes bíblicas, temos as informações de outras fontes históricas da época, contextualizando os motivos da morte de Jesus na cruz ligados às tensões econômicas, sociais, políticas e religiosas. Pelos textos, podemos observar que Jesus morre como zelota, como revolucionário político, pois a morte na cruz era reservada aos considerados revoltosos pelo Império Romano. Além disso, a morte na cruz revela também a dependência da Palestina em relação a Roma, pois os romanos chamavam a si o direito da sentença de morte. Os motivos mostram também a interpenetração do religioso e do político muito própria do contexto de liberdade cerceada em que vivia a terra de Jesus. Ligado aos grupos de resistência, também o grupo de Jesus não via com bons olhos a dominação romana, com a cobrança dos impostos, a escravização da população, massacres e a quebra dos valores da tradição (cf. Lc 23,2-5). Como profeta e líder popular, Jesus, como tantos outros profetas, tem sua vida ameaçada. Porém, como é coerente com seu projeto, não tem medo de enfrentar os conflitos da época e vai até o enfrentamento final. Sob esta ótica, a morte de Jesus se insere na lista dos profetas e líderes populares que lutavam pela liberdade do povo frente aos poderes dominantes. Ela se insere na trama histórica e tem causas históricas bem definidas.

A mesma morte, analisada na ótica da fé pascal das primeiras comunidades, é vista à luz do desígnio salvífico de Deus. Os textos relacionados com a paixão e morte são escritos para mostrar que aquele que foi morto, Deus o constituiu Senhor e Cristo (At 2,36). São apresentados os diferentes motivos, mostrando que o caminho seguido por Jesus estava nos planos de Deus. Nada escapa ao controle da ação de Deus. É dentro desta atmosfera de fé pascal que as comunidades buscam o significado teológico da morte de Jesus, apresentando sua morte como a morte do profeta messiânico-apocalíptico, como o messias salvador, como aquele que realiza a expiação dos pecados e que morre solidariamente pelo povo. Fazendo uso das Escrituras do Antigo Testamento (cf. Lc 24,13-35), buscam tornar compreensível aquilo que pareceria absurdo sem o olhar da fé.

No decorrer da história, as interpretações da morte de Jesus sofrerão o impacto dos diferentes contextos históricos. O vocabulário e as imagens empregadas pela tradição teológica revelam-nos as diferentes tendências de cada época, o que torna a compreensão deste vocabulário e destas imagens extremamente importante para se entender o papel que a morte e a paixão de Jesus desempenham nos diferentes contextos históricos.

1 A morte de Jesus na cruz

1.1 Dados históricos

A morte de Jesus na cruz é o fato mais bem atestado de todo o Novo Testamento por Tácito, Flávio Josefo, Plínio, o moço, Suetônio. Podemos notar alguns pontos significativos a partir deste fato:

a) Jesus é condenado por Pôncio Pilatos *como zelota* (cf. CASTILLO, 2010: 453).

b) O caráter judiciário da época não permitia a declaração de sentença de morte pelos judeus (cf. Jo 18,31).

c) A morte de Jesus é experimentada como um escândalo a ser superado (cf. 1Cor 1,17-31).

d) A ressurreição dá sentido à morte (cf. At 2,36; Jo 20,30-31).

O próprio contexto da época nos indica os motivos da condenação. Para compreendermos a morte de Jesus, temos que levar em conta alguns aspectos importantes deste contexto:

a) A liberdade cerceada na Palestina dependente do século I (cf. MESTERS, 1988/1: 74-77).

A Palestina era uma terra dependente. Os romanos exerciam um domínio muito grande sobre a economia, sobre a política e também, mesmo respeitando alguns aspectos da religião judaica, sobre a religião dos judeus. O pagamento dos impostos, suspenso a partir da guerra dos Macabeus (cf. 1Mc 13,37.39-41*)*, era muito grande, e, junto com outras taxas, chegava a ultrapassar a metade da produção dos agricultores a partir de 63 a.C. Além dessa opressão político-econômica, a população tinha de enfrentar o peso da exclusão por causa do *sistema de pureza,* que inviabilizava a salvação para os pobres, os marginalizados, que não podiam cumprir todas as exigências da lei (cf. Jo 7,49). É nesse clima que Jesus entra no cenário da Palestina do seu tempo. Tempo carregado de expectativas apocalípticas e messiânicas. Tempo em que o povo esperava pela mudança de "mundo".

b) Os movimentos populares de resistência (cf. HORSLEY & HANSON, 1995: 18):

- Defesa das tradições e da cultura.

- Preocupação social: – Eliminação do tributo a Roma (cf. Mc 12,13-17; Lc 23,2-5) (cf. PAGOLA: 2010: 135).

- Destruição das grandes propriedades.

- Decretação da libertação dos escravos e do ano do jubileu (cf. Lc 4,16-19; Mc 1,4-20) (cf. PAGOLA, 2010: 137-138).

c) Significação essencialmente política de toda e qualquer pretensão messiânica: Crime de lesa majestade (cf. At 5,34-39; Mt 26,61; Mc 14,58; Jo 2,19; cf. Jr 7-8). Devemos também ter em mente a questão do *titulus,* que revela os motivos da condenação:

Mc 15,26; Mt 27,37; Lc 23,38; Jo 19,19) (cf. CASTILLO, 2015: 447-448).

d) O processo que levou Jesus à morte deve ser entendido dentro de um contexto de dependência e dominação: o jurídico é normalmente visto a partir do poder e do prestígio dos dominantes. É algo legal, mas ilegítimo[61]. Neste contexto:

- Jesus é visto como profeta e como um líder popular, na continuidade dos profetas: Jeremias, Amós, Miqueias.

- Jesus suscita esperanças messiânico-apocalípticas e atrai seguidores: sua prática representa um desafio (cf. Jo 11,43-52) e um perigo para a estabilidade social.

- A vida de Jesus é coerente sem se desviar do *caminho* (cf. Mc 8,22–11,8; Lc 9,51), mesmo sabendo que isto o levaria ao enfrentamento com as autoridades judaicas e romanas.

- Não tendo o poder de condenar (cf. Jo 18,31), pois a sentença de morte era reservada a Roma, os judeus são forçados a apelar para Pilatos. Embora julguem Jesus digno de morte (cf. Jo 19,7), pelo fato de ser blasfemo (cf. Mt 26,61; Mc 14,58), os sacerdotes forçam a condenação alegando motivos políticos (cf. Lc 23,2-5; Jo 19,12b). Esta declaração é a negação da messianidade do povo de Israel! Declaram-se súditos de Roma opressora e decretam a morte de Jesus, caindo na idolatria.

- A rejeição da prática e do projeto de Jesus demonstra a não aceitação do Anúncio do Reino.

---

61. No Brasil, temos, como exemplo dessa realidade, o Ato Institucional n. 5, que embora ilegítimo, tornou-se instrumento jurídico legal da repressão a partir de 1968.

1.2 Por que matam Jesus: Motivos econômicos, sociais, políticos, culturais da morte de Jesus

A partir das controvérsias evangélicas há uma tensão crescente no relacionamento de Jesus com os dirigentes da época. Essa tensão se torna oposição, se radicaliza e acaba num plano para matar Jesus (Mc 14,1-2). Os motivos levantados têm a ver com as questões econômicas, políticas, sociais e religiosas da época: *"Achamos este homem fazendo subversão entre o nosso povo, proibindo pagar tributo ao imperador, e afirmando ser ele mesmo o Messias, o rei"* (Lc 23,2-5). Como podemos observar, há três acusações que apontam para a prática de Jesus como uma grande subversão:

1) **Acusação do ponto de vista econômico**: Jesus, fazendo parte de um dos grupos de resistência contra a dominação romana, é acusado de proibir o pagamento do tributo, não aceitando a dominação do imperador sobre o povo escolhido.

2) **Acusação do ponto de vista político**: toda pretensão messiânica era vista como crime de lesa majestade, ou seja, passível de morte (At 5,36-39). Os movimentos populares de resistência contra a soberania estrangeira defendiam as tradições e cultura do povo, contrapondo-se aos valores trazidos pelos romanos.

3) **Acusação do ponto de vista ideológico e religioso**: O ensinamento de Jesus é subversivo, pois não admite que se coloque outro senhor no lugar de IAHWEH. Além disso, Jesus ensina pela prática da justiça, da solidariedade, da opção pelos últimos, colocando a Lei a serviço da pessoa (Mc 2,23-28). O que conta para Jesus é o valor da pessoa humana, que está acima de qualquer outro valor, inclusive do próprio sábado (Mc 3,1-6).

O evangelista Lucas, ao retratar o papel de Maria na dinâmica da salvação-libertação operada por Jesus, aponta para a promessa de Deus que vem para libertar seu povo, realizando a transformação da história e invertendo a ordem social: dispersa os soberbos de coração (questão ideológica), depõe os poderosos (ordem política) e despede os ricos de mãos vazias (realidade econômica). É a forma que Lucas encontrou para mostrar que a morte de Jesus é fruto de vários motivos e que seus seguidores também terão de enfrentar sempre todas essas dimensões presentes na história.

O Novo Testamento não nega os motivos históricos que levaram Jesus à morte. Um dos mais antigos querigmas (proclamação inicial das comunidades primeiras) também afirma a morte violenta de Jesus na cruz: "*Que todo povo de Israel fique sabendo com certeza que Deus tornou Senhor e Cristo aquele Jesus que vocês crucificaram*" (At 2,36). Mas adiante, no próprio Atos dos Apóstolos, notamos o mesmo anúncio: "*E nós somos testemunhas de tudo o que Jesus fez na terra dos judeus e em Jerusalém. Eles mataram Jesus, suspendendo-o numa cruz*" (At 10,39).

2 Os motivos que influenciaram os relatos da paixão

Sabemos que os textos evangélicos são frutos da vivência das comunidades e produções que procuram relançar o *querigma* (Κερψγμα), *centro de toda a tradição evangélica*. Portanto, estão enraízados nas tradições das primeiras comunidades. Estes textos são fruto da experiência pascal e, neles, a atmosfera pascal desempenha um papel preponderante, descobrindo a vitória em que só se encontrariam fracasso e escândalo (cf. lCor 1,17-31). Papel especial, para se compreender a morte de Jesus, têm os relatos da paixão com vários motivos aí inseridos. Vamos apresentar alguns deles, mostrando como as intenções teológicas explicitadas estão diretamente relacionadas com as necessidades das comunidades:

2.1 "Dogmático": Afirmação de fé

Os evangelistas procuram mostrar que a paixão e morte de Jesus são a realização da vontade de Deus. São paixão e morte do Messias. Há, nos relatos evangélicos da paixão, uma dupla insistência:

Mesmo mostrando o lado humano de Jesus, que sofre a perseguição, a tradição procura esconder ou mesmo minimizar o caráter trágico dos acontecimentos (cf. *os ultrajes dos soldados romanos*: Mt 27,27-30; Mc 15,16-20; Lc 23,11.36; *o grito na cruz*: Mt 27,46; Mc 15,34; Lc 23,46; Jo 19,30).

Explicita, por outro lado, o caráter divino de Jesus manifestado nas:

• *Profissões de fé*: Mc 14,61-62; 15,32; 14,21.41; Mt 26,2; 27,17.22.40.43.53; Lc 22,67-68; 23,47; Jo 13,13-14.16).

• *Na presciência de Jesus e seu poder*: Mt 26,2-5.53; cf. Jo 18,4-9; Mt 26,20-25; Jo 13,21-30; Lc 22,32; Jo 18,19).

• *Na entrega livre de Jesus*: Mt 26,53; Jo 18,11; Mt 26,26-29; Mc 14,22-25; Lc 22,15-20).

2.2 Biográfico

Este motivo procura ressaltar traços da vida de Jesus, mostrando seu enraizamento histórico (cf. Mt 26,1-5; 26,6-13.14-16; 26,48-51 e pars.).

2.3 Cúltico e catequético

Motivos ligados à vida de oração e do culto, com clara dimensão catequética: Mc 15,1.25.33 (pars.); Mt 26,26-29; Mc 14,22-25; Lc 22,15-20; cf. 1Cor 11,23-25.

2.4 Parenético

A paixão e morte de Jesus são apresentadas como modelo de sofrimento e morte (Jesus é o testemunha fiel), aceito como realização da vontade de Deus. A partir da morte de Jesus, aplica-se sua forma de enfrentamento a outros personagens: cf. *Estevão* (At 6,11.12.13-15; 7,55-56.59-60); *negação de Pedro* (Mt 26,69-75, indicando a necessidade de arrependimento, pois se até Pedro pode negar, como não será a situação dos outros?!); *oração de Jesus* (Mt 26,36-46, mostrando a importância da oração nos momentos de maior enfrentamento); *anúncio da traição* (Mt 26,22-25, em que todo seguidor e seguidora de Jesus deverá se colocar na mesma situação de Judas!); *cena da crucificação* (Mt 27,39-42; Lc 23,39, mostrando a atitude a ser desprezada e evitada e Mc 15,39-40; Lc 23,40-48, indicando a atitude a seguir!).

2.5 Apologético

Fazendo uso das Escrituras como referencial de sua fé e de sua tradição, as comunidades procuram ultrapassar as dificuldades advindas da morte de Jesus, o Messias, na cruz, pois *"associar o projeto de Deus com uma morte tão horrenda, com uma desqualificação social tão forte e, acima de tudo, com um fracasso tão absoluto, tudo isso não tinha como não ser muito complicado de harmonizar. Se Jesus havia fracassado, nele também Deus havia fracassado. Então, como crer em semelhante Deus? Que credibilidade podia merecer um fracasso total? Visto dessa forma, o primeiro problema que convém recordar é que a insistência da pregação cristã primitiva em que o Crucificado era o mesmo Ressuscitado (1Cor 15,3-5; Mc 16,16; Mt 28,5-7; Lc 24,36-49; Jo 20,24-29) representava evidentemente um argumento em favor do Crucificado; ou seja, com isso se justificava que aquele judeu, que havia fracassado em uma cruz, havia sido restabelecido e, muito mais que isso, havia sido enaltecido e exaltado pelo Pai do céu, que o elevara à condição de Filho de Deus, Messias e Senhor nosso (Rm 1,4)"* (CASTILLO, 2015: 461). Busca-se com o recurso às Escrituras compreender paradoxo da condenação e morte do justo:

- *Anúncio da traição de Judas:* Mc 14,17-21 (Sl 41,10).
- *Pagamento da traição:* Mt 26,15 (Ex 21,32; Gn 37,28).
- *Fuga dos discípulos:* Mt 26,31-35 (Zc 13,7).
- *Tentativa de desculpar os romanos e culpabilizar os judeus,* ao mostrar que a incredulidade dos judeus já estava no plano de Deus.

A crucificação é apresentada como o resultado final da incredulidade (Mt 23,32.37; Lc 13,33-34). Esta linha apologética chega até a mostrar Pilatos declarando Jesus inocente (cf. Lc 23,4.14.23; Jo 18,38; 19,4.6, embora acabe condenando-o à morte!). Também em Lc 23,25-26 e Jo 19,16-17 são os judeus e não os romanos que conduzem Jesus para ser crucificado. Entretanto, há outra corrente, retomando a história, na qual se mostra os ultrajes dos soldados romanos (Lc 22,63-65), as atitudes diversificadas das autoridades e do povo (Lc 23,35) e a participação dos romanos na prisão de Jesus (Jo 18,3.12).

- *Os dirigentes judeus confessam sua responsabilidade na morte de Jesus:* (Mt 27,25), escolhem Barrabás (Lc 23,25) e declaram César o único rei (Jo 18,39-40; 19,15), negando a messianidade do povo.

Como podemos observar, há uma articulação entre História e Querigma, assim como entre as necessidades e motivos teológicos das comunidades. Com isto, queremos mostrar que os relatos da paixão traduzem a vivência das comunidades e suas preocupações em ultrapassar as dificuldades da morte do Messias na cruz.

3 Por que Jesus morre?

Ao tratarmos da morte de Jesus, procuramos refletir o *porquê mataram Jesus,* insistindo nas causas históricas. Mostramos também como os relatos da paixão deixam entrever motivos relacionados com os interesses das comunidades e seu contexto vital. Agora queremos tratar *do porquê Jesus morre.* Isto significa trabalharmos as diferentes interpretações a partir da experiência pascal e depois como isto se concretizou nas interpretações teológicas no interior da história da Igreja. Como afirma Jon Sobrino, o primeiro enfoque trata da *explicação* do fato em si mesmo, enquanto o segundo procura mostrar o *significado* do fato (cf. SOBRINO, 1994: 320).

A ressurreição coloca Jesus definitivamente na história e mostra que Deus estava com Ele (cf. At 10,34-43). A ressurreição recupera a fé no Senhor e mostra a elevação do Justo e sua entronização no Reino e na Glória. As interpretações a partir da experiência pascal procuram ultrapassar o fracasso da cruz e devem, pois, ser entendidas a partir da fé das comunidades: "*Na verdade, estas interpretações contidas nos evangelhos constituem o resultado final de todo um processo de reflexão da comunidade primitiva sobre o escândalo da Sexta-feira Santa. A morte vergonhosa de Jesus na cruz (cf. Gl 3,13), que no tempo significava sinal evidente do abandono de Deus e da falsidade do profeta (importante para isso: Mt 27,39-44; Mc 15,29-32; Lc 23,35-37), fora para eles mesmos um grande problema. À luz da ressurreição e da releitura e meditação das Escrituras do AT (cf. Lc 24,13-35), começaram a fazer inteligível aquilo que antes era absurdo*" (BOFF, 1977: 34).

Não há dúvida de que a morte de Jesus causou uma grande *ruptura* na comunidade que vivia ao seu redor (cf. 1Cor 1,17-31), embora não tenhamos dados documentais que comprovam esta questão. Esta *ruptura* pode ser sentida através de vários textos dos evangelhos e que traduzem esta decepção frente à morte de Jesus:

a) Fuga dos discípulos (Mc 14,50).

b) Decepção dos discípulos de Emaús (Lc 24,21).

c) Medo dos judeus (Jo 20,19).

A ressurreição fez com que os discípulos se constituíssem novamente como grupo, como comunidade e conseguissem superar o fosso cavado pela morte. Entretanto, esta superação se fez através de muita reflexão e fazendo uso das Escrituras. Esta reflexão procurava conciliar a morte de Jesus na cruz, vista como aparente abandono de Deus Pai, com a ressurreição, vista como sua glorificação e exaltação. Este foi o trabalho das primeiras comunidades: superar o paradoxo entre a morte-maldição de Jesus (Dt 21,23; Gl 3,13) e sua glorificação-ressurreição (Fl 2,5-11).

Podemos apontar algumas interpretações mais comuns da morte de Jesus a partir da experiência pascal e as interpretações da tradição teológica.

3.1 Interpretações a partir da experiência pascal

As interpretações da morte de Jesus buscam encontrar uma explicação possível para este fato trágico e escandaloso. As interpretações são feitas à luz da fé pascal e são, portanto, expressões de fé (cf. SOBRINO, 1994: 320-321).

3.1.1 A morte de Jesus vista como morte de um Profeta

As primeiras comunidades compreendem a morte de Jesus na linha da tradição do martírio dos profetas. Sua morte está diretamente articulada com a morte dos profetas: *"Um primeiro passo foi considerar a cruz como o destino de um profeta (1 Ts 2,14s.; Rm 11,3), explicação que os evangelhos retomarão (Mt 23,37; Mc 12,2s.), explicitando a fonte Q que se trata da rejeição de Israel aos profetas (Lc 11,49-50; Mt 23,34s.), e acrescentando todos os sinóticos que o profeta rejeitado retornará para julgar seus verdugos (Lc 12,8-9; Mt 10,32-33; Mc 8,38)*" (SOBRINO, 1994: 321). Ao mesmo tempo, por estarem sendo perseguidas, as comunidades se compreendem no seguimento de Jesus.

3.1.2 A morte de Jesus como morte do Messias Crucificado

Esta interpretação, fazendo recorrência ao Antigo Testamento, procura mostrar que a morte de Jesus se insere dentro da ambiguidade da história e que Deus nunca abandonou seu Filho. Diante da grande expectativa de um Messias glorioso e triunfador, era difícil compreender sua morte na cruz. Como afirma L. Boff: "*Numa dimensão mais profunda, Deus não o abandonou. Estava com Ele no sofrimento e na morte; não o abandonou, permaneceu com Ele na morte, de tal forma que a ressurreição mostrou a presença de Deus nele. A ressurreição revela o escondido: o que era escandaloso para os outros se iluminou pela ressurreição. As profecias da morte e da ressurreição querem deixar isso bem claro. Começou-se a ver tudo a partir de Deus: a atuação de Jesus, sua atividade missionária, sua morte e sua ressurreição. Deus estava agindo salvificamente em Jesus, no seu caminho, não exclusivamente na morte, mas em tudo o que lhe aconteceu, fez, falou e viveu. Em tudo, mesmo na morte*" (BOFF, 1977: 92).

3.1.3 A morte de Jesus como expiação e sacrifício

Há muitos textos do Novo Testamento que apontam para o sentido da morte de Jesus como expiação dos pecados e do sacrifício para a salvação do gênero humano. Esta interpretação acabou também influenciando os relatos da Ceia (cf. Mc 14,22-25; Mt 26,26-29; Jo 6,51-58; 1Cor 11,23-26): "*Na perspectiva que interpretava já a morte do Justo como expiação e representação em favor do povo e no círculo dos que associavam a nova aliança de Jesus em sua morte como sacrifício expiatório se criou uma associação nova. Esta permitiu vislumbrar um sentido novo e diferente da morte do Senhor. Sua morte situa-se na linha da morte dos mártires pela fé e da morte dos inocentes: ela é redentora, expiatória, sacrificial. Alcança o perdão dos pecados; inaugura uma nova aliança de Deus com seu povo, a Igreja"* (BOFF, 1977: 97). Esta interpretação está ligada às tradições de Israel, onde encontramos uma diversidade de conceitos sacrificiais (cf. CASTILLO, 2015: 466-472).

3.1.4 A morte de Jesus vista como ato de solidariedade

Há muitos textos do Novo Testamento que apontam na direção da morte de Jesus como um ato de solidariedade e criador de solidariedade (cf. FERRARO, 1977: 214-217). Sua morte, livre e solidária, é apontada como *dom de si* (Jo 3,16; 12,49-50); *dom de amor* (Jo 10,11.15; 15,13); *dom gratuito* (1Jo 3,16) (Como acontecimento gerador de solidariedade, a morte de Jesus, a partir desta interpretação, exige o seguimento. Ela nos liberta da Lei e mostra que estamos livres para amar. Liberta-nos da falsa imagem de Deus e do terror paralisante e libertando-nos do político, torna-nos corresponsáveis pela implantação da justiça no mundo. É neste sentido que se pode compreender a entrega do Espírito que indica a possibilidade de refazermos o caminho de Jesus.

3.2 Interpretações na tradição teológica

Falar de interpretações é falar de como as comunidades compreenderam e viveram sua fé na pessoa de Jesus, o Cristo. Para tanto é preciso retomar a História e, consequentemente, a Tradição da Igreja e, no nosso caso, a Tradição Teológica, onde podemos ver consignada esta compreensão de forma mais sistematizada. Isto requer de nós retomarmos a dinâmica da transmissão da fé que nos liga ao Jesus da História. Por isso é importante relembrar o que nos diz L. Boff: "*O Jesus histórico só nos é acessível na mediação do Cristo de nossa fé. Em outras palavras: entre o Jesus histórico e nós existem as interpretações interessadas dos primeiros cristãos*" (BOFF, 1977: 73). Mas também é importante notar o que nos afirma J. Comblin: "*O ponto de partida do conhecimento de Jesus é a ação cristã de hoje. É a partir dela que os métodos teológicos de toda espécie vão em busca de Jesus. Mas o Jesus que irão encontrar será, necessariamente, projeção do Jesus atual. Neste caso, não se trata de uma deformação, mas de verdadeiro conhecimento do Cristo pelo Espírito. O Cristo não pode ser separado de seu povo. De nada serviria conhecer um Cristo isolado e separado de sua ação atual em seu corpo total*" (COMBLIN, 1982: 94).

Com estas duas referências poderemos compreender as interpretações da morte de Jesus na tradição teológica, tendo sempre em vista que: "*O vacabulário empregado para exprimir a libertação de Jesus Cristo traduz situações sociais, trai interesses ideológicos e articula tendências de uma época. Uma mentalidade marcadamente jurídica irá falar em termos jurídicos e comerciais de resgate, redenção dos direitos de domínio que satanás possuía sobre o pecador, de satisfação, mérito, substituição penal etc. Uma mentalidade cúltica irá se exprimir em termos de sacrifício. Outra preocupada com a relevância social e cultural da alienação humana pregará a libertação de Jesus Cristo... Não basta repetir fetichisticamente as fórmulas antigas e sagradas. Precisamos procurar compreendê-las e tentar captar a realidade que elas tentam traduzir. Esta realidade salvífica pode e deve ser expressa de muitas formas; sempre tem sido assim no passado e também no presente*" (BOFF, 1977: 108-109) .

3.2.1 Onde acontece a salvação, a redenção, a libertação?

a) Teologia na mentalidade grega

A Teologia que se deixa influenciar pela mentalidade grega, acaba concentrando na encarnação todo o peso da salvação, da redenção, da libertação: *"Pela encarnação irrompe no mundo a redenção porque em Jesus Cristo Deus imortal e infinito se encontra com a criatura mortal e finita. Basta a constituição deste ponto matemático da encarnação para que toda a criação seja atingida e redimida. Não interessa tanto o homem concreto Jesus de Nazaré, seu caminho pessoal, o conflito que provocou, mas a humanidade universal que Ele representa. Deus é o agente da redenção. É Ele que se autocomunica à criação, elevando-a e divinizando-a. Verifica-se uma abstração do histórico em Jesus de Nazaré. A encarnação é entendida estaticamente, como o primeiro momento da concepção virginal de Jesus, Deus-Homem. Aí está tudo"* (BOFF, 1977: 110).

b) Teologia na mentalidade romana ético-jurídica

Para esta mentalidade de caráter mais jurídico, o ponto central da redenção será colocado na paixão e morte de Jesus: *"Para o pensar romano o mundo é imperfeito não tanto pelo fato ontológico da criação, mas pela presença do pecado e da liberdade abusada do homem. Este ofendeu a Deus e à reta ordem da natureza. Deve reparar o mal causado. Daí ser necessário o mérito, o sacrifício, a conversão e reconciliação. Somente então a ordem antiga será restabelecida e vigorará a tranquilidade da ordem. Deus vem ao encontro do homem: envia seu próprio Filho para que de forma substitutiva repare com sua morte a ofensa infinita perpetrada pelo homem. Cristo veio para morrer e reparar. A encarnação e a vida de Jesus só possuem valor enquanto preparam e antecipam sua morte. O protagonista não é tanto Deus, mas o homem Jesus que com sua ação repara o mal causado. Não se trata de introduzir algo de novo, com a divinização, mas de restaurar a primitiva ordem justa"* (BOFF, 1977: 111).

c) Teologia na mentalidade da libertação latino-americana

Nesta mentalidade, começa-se a pensar a salvação, redenção, libertação a partir de toda a vida de Jesus. Toda sua vida é libertadora. Neste sentido, pensa-se toda a vida de Jesus como libertadora, na grande solidariedade a que todos estamos ligados pela vida. Tudo em Jesus é salvífico e libertador. Toda sua vida é um caminho de solidariedade: nascimento, prática, paixão, morte, ressurreição: *"Jesus de Nazaré, na concretez de sua caminhada pessoal, por obra e graça do Mistério, pôde acolher e ser acolhido de tal maneira por Deus que formava com Ele uma unidade sem confusão e sem distinção, unidade concreta e não abstrata que se manifestava e se realizava na vida do dia a dia do operário em Nazaré, e do profeta ambulante na Galileia, nos anúncios que proclamava, nas polêmicas que provocava, no conflito moral que suportou, na cruz e na ressurreição. Nesse caminho histórico do judeu Jesus de Nazaré ocorreu a máxima comunicação de Deus e máxima revelação da abertura do homem. Esse ponto alto alcançado pela história humana é irreversível e escatológico, quer dizer, representa o termo de chegada do processo humano em direção a Deus. Deu-se a unidade, sem perda de identidade de nenhuma das partes, entre Deus e o homem. Esse ponto Ômega significa a máxima hominização e também a plenitude da salvação e da libertação do homem"* (BOFF, 1977: 125; cf. MALDAMÉ, 2005: 171-173).

3.2.2 Articulação das imagens para exprimir a ação salvadora – libertadora

a) Expiação-Sacrifício

Esta imagem é tirada da experiência ritual e cúltica dos sacrifícios no Templo. Com a encarnação de Jesus, Filho de Deus, criou-se a possibilidade de um sacrifício perfeito. Esta imagem aponta para o limite da representação que é a figura de Deus Pai exigindo a morte de seu Filho. E por outro lado, mostra seu valor, na medida em que a vida humana tem uma estrutura sacrifical (cf. BOFF, 1977: 116-117).

b) Redenção-Resgate

Esta imagem está ligada ao modo de produção escravocrata. Libertar é alforriar, pagar um resgate, para que a pessoa possa retomar a liberdade. O limite desta representação é tomar a redenção como um drama que se passa entre Deus e o demônio. A pessoa se torna mero expectador. Seu valor reside no fato de que necessitamos, continuamente, de ser salvos, pois a libertação acontece no terreno de uma captividade profunda em que se encontra a humanidade (cf. BOFF, 1977: 118-119).

c) Satisfação representativa

Esta imagem traduz a visão jurídica do direito romano e tem sua raiz em Tertuliano, Agostinho e Anselmo. Traduz a necessidade irrevogável da encarnação, para que a satisfação frente ao pecado possa se realizar. Seu limite está no fato de beber do modo de produção feudal, onde Deus é apresentado como um Senhor Feudal absoluto que quer cobrar a dívida a qualquer custo. Seu valor reside no fato da pessoa ser sempre um ser *não satisfeito* (cf. BOFF, 1977: 119-123).

d) Libertação

O conceito libertação assume uma dimensão ampla na perspectiva da salvação do ser humano incluindo também a natureza, Nossa Casa Comum. Neste sentido, a libertação de Jesus Cristo se opera em todas as dimensões da vida: libertação econômica, libertação política, libertação cultural, libertação ecológica (cf. Rm 8,18-27). "*O amor social é a chave para um desenvolvimento autêntico: 'Para tornar a sociedade mais humana, mais digna da pessoa, é necessário revalorizar o amor na vida social – nos planos político, econômico, cultural – fazendo dele a norma constante e suprema do agir*" (*Laudato Si'*, 231).

Perguntas

1) Em que medida os títulos cristológicos revelam os motivos da condenação de Jesus de Nazaré?

2) *"A cruz de Jesus remete às cruzes existentes, mas estas, por sua vez, remetem à de Jesus e que são – historicamente – a grande hermenêutica para compreender por que matam Jesus, e – teologicamente – expressam em si mesmas a pergunta que não pode ser calada sobre o mistério do porquê Jesus morre"* (SOBRINO, J. *Jesus, o Libertador.* Petrópolis: Vozes, 1994, p. 288). Levando-se em consideração as perspectivas querigmática e histórica, por que essa expressão – *as cruzes existentes hoje* – pode ser assumida como critério teológico para a compreensão da morte de Jesus?

3) Por que é possível afirmar que a morte de Jesus não foi uma "fatalidade temporal"?

4) As interpretações da morte de Jesus a partir das experiências pascais relatadas no Novo Testamento lançam suas raízes no Antigo Testamento. Escolher uma dessas interpretações (morte de um profeta, o Messias crucificado, sacrifício e expiação ou como solidariedade) pesquisar e relacionar as expectativas veterotestamentárias com as apresentadas pelo Novo Testamento.

5) Elaborar um quadro comparativo entre as abordagens teológicas na mentalidade grega, jurídica e da libertação sobre a compreensão da encarnação, salvação, redenção e vida de Jesus Cristo.

Capítulo 9
Jesus como fonte de vida, solidariedade, libertação e salvação

Jesus é apresentado pela fé da comunidade crente como aquele que tem a última palavra sobre a história e seu sentido. Na medida em que o Crucificado é proclamado como o Senhor, a sociedade pode se orientar pelos valores da prática histórica de Jesus e buscar caminhos de libertação dos pobres e excluídos (cf. *Medellín, Justiça*, 1. 12. 14; *Paz*, 14. 15. 16) *Puebla*, 31-39; *Santo Domingo*, 178-179; *Aparecida*, 391-398. 402; *Evangelii Gaudium*, 186-201; *Laudato Si'*, 49. 128. 231. 240). Quando olhamos a morte de Jesus como consequência de sua vida, de sua prática histórica e de sua mensagem do Reino, temos a firme convicção de que sua vida desafiou a situação de injustiça e seu caminho histórico se torna um caminho teológico. A cruz de Jesus manifesta a presença do Deus misericordioso que quer vida plena para todos (cf. Jo 10,10; Mt 9,36; 25,31-46). Na medida em que Jesus se torna um *estranho* para a sociedade, a cruz corre o risco de ser dulcificada e desvinculada dos reais problemas que atingem os seres humanos e a própria natureza. Não é mais considerada como consequência de uma prática histórica concreta e passa a ser vista de forma abstrata, acarretando um distanciamento da história. Uma tal visão da morte de Jesus inviabiliza compreender que hoje a cruz real são os pobres, os excluídos/as e que são eliminados por um sistema que continua matando para poder se manter (cf. *Evangelii Gaudium*, 52-60; *Fratelli Tutti*, 33. 168. 169). Toda tentativa de desvincular a morte de Jesus das causas e motivos históricos dificulta também compreender as causas e razões históricas das mortes de hoje, especialmente dos e das mártires, como também dos excluídos e excluídas, que são apresentadas como *destino trágico*, como *determinismo* ou como *sacrificialismo compulsório*.

Ao tentarmos aproximar a morte de Jesus das mortes dos mártires e excluídos de nosso tempo, tentamos tirar a legitimidade dos sacrifícios que se apresentam como inevitáveis e buscamos encontrar motivos para quebrar a legitimidade da lógica da exclusão. A morte de Jesus mostra que Deus não ficou indiferente às vitimas e sofredores da história. Por isso, ela deve se tornar motivo de esperança e de engajamento solidário na construção de uma convivência humana respeitadora de toda comunidade de vida: seres humanos, animais, florestas, águas, ar na linha da ecologia integral proposta na *Laudato Si'*.

1 Cruz e libertação

Esta ligação é importante à medida que levamos a sério a vida e a prática de Jesus de Nazaré. Não podemos pensar a morte de Jesus desvinculada de seu projeto de trazer vida e vida abundante para todos e todas (Jo 10,10). Desta forma, há alguns elementos importantes a serem considerados na compreensão da cruz:

a) Não se pode separar ou desligar a cruz da pessoa de Deus. Isto exige não se apegar única e exclusivamente ao sentido soteriológico (salvífico) da cruz. Diante do fato de que "*a cruz de Jesus é a consequência direta da Encarnação de Deus em uma realidade contraditória, visto estar marcada pelo pecado. Sobrino afirma que a aceitação do sofrimento por parte de Deus é a expressão máxima da Encarnação entendida com proximidade radical por amor e com amor, proximidade que se revela na disposição a assumir todas as consequências decorrentes da decisão de submeter-se em tudo e opor tudo às leis da história. Por isso, a morte de Jesus não deverá ser interpretada nem como sublimação do sofrimento, nem como sua justificação; ela reflete, ao contrário, aquele desejo salvífico divino de encarnar-se na história humana, a ponto de, segundo Sobrino, se poder também afirmar que o Deus crucificado não é senão o equivalente do Deus solidário"* (TAVARES, 2020: 90).

b) Olhar a cruz como consequência da vida e da história de Jesus. Isto significa compreender o caminho de Jesus como um caminho teológico. Tal perspectiva nos indica o sentido do seguimento.

c) A cruz coloca a questão da presença ou ausência de Deus: estabelece-se a partir da cruz uma verdadeira revolução do conceito de Deus (cf. MOLTMANN, 2014: 338-339. 339-343; cf. tb. 1993: 243-247). Há uma exigência de se ultrapassar o conceito de um Deus grego (Τηεοσ) negador da corporeidade e negador das diferenças e das mudanças (cf. Mt 9,35-36; Ex 3,7-10; *Denz.* 116-122). A cruz não é a última palavra sobre Jesus, como a ressurreição não é a última palavra sobre a história.

d) A cruz continua sendo loucura e escândalo (cf. 1Cor 1,17-23). A partir desta constatação, temos que ultrapassar a preocupação da salvação pessoal e colocar a questão da libertação do homem-mulher-pobre-excluído em relação à sociedade na qual vivemos. Isto exige refazer a memória de um Deus crucificado numa sociedade otimista que esmaga sob seus pés tantos cadáveres. Hoje isso exige compreender, à luz da morte de Jesus, a exclusão dos pobres pelo sistema neoliberal, cuja filosofia é essencialmente individualista. Na verdade, *a cruz real é o pobre*: povos indígenas originários, negros e negras, mulheres marginalizadas (cf. SOBRINO, 1994: 48-50). É o *crucifica-do-pobre* o critério teológico, na medida em que aí se dá o lugar da experiência de Deus. É por isso que a fé em Deus por meio de Jesus Cristo nos liberta realmente para os verdadeiros problemas do mundo (cf. BOFF, 1977: 105) e nos indica o caminho para empenharmos todas as forças não para acumular obras de piedade, mas para construir um mundo mais de acordo com o projeto do Reino, onde haverá a libertação da lei, do pecado e da morte (cf. Rm 7-8; Gl 5,1.6.13). Tal libertação deve ocorrer em todas as dimensões da vida. Tal articulação nos possibilita pensar o relacionamento entre a *cruz e os caminhos de libertação*[62].

2 Cruz e caminhos de libertação

Jesus de Nazaré, por sua prática, suscitou esperança de mudança e apontou para a libertação do ser humano em todas as dimensões da vida. Desta forma, a cruz de Jesus está ligada ao processo de libertação que os seres humanos buscam na história. Esta libertação se relaciona com todas as dimensões da vida:

2.1 Libertação na dimensão econômica

Aponta para a satisfação das necessidades básicas do ser humano. Tal perspectiva nos indica a necessidade de se optar por um modelo de sociedade em que estas necessidades sejam colocadas em primeiro lugar. Como afirma F. Hinkelammert: "*Uma sociedade diferente não pode ser senão uma sociedade orientada à satisfação das necessidades básicas de todos... A satisfação das necessidades torna*

---

62. Seguimos, nesta reflexão, o pensamento de MOLTMANN, J. *Le Dieu Crucifié*. Paris: Cef, 1973, pp. 370-378; na edição em português: *O Deus Crucificado: A cruz de Cristo como base e crítica da teologia cristã*. Santo André-SP: Academia Cristã, 2014, pp. 406-418.

a vida possível. A satisfação dos desejos a torna agradável. Mas para ser agradável, ela tem antes de ser possível" (HINKELAMMERT, 1984: 217, 241). A economia, como afirma o Concílio Vaticano II, deve estar a serviço da vida do ser humano: *"A finalidade fundamental da produção não é o mero aumento dos produtos, nem o lucro ou a dominação, mas o serviço do ser humano e do ser humano completo, atendida a hierarquia das exigências de sua vida intelectual, moral, espiritual e religiosa; de todo ser humano, dizemos, de qualquer comunidade humana, sem distinção de raça ou região do mundo"* (*Gaudium et Spes*, 64).

O mero crescimento econômico não resolve o problema das grandes maiorias excluídas. Hoje há muita produção de bens, mas há mais gente excluída da participação nestes bens. A inversão de prioridades aponta na direção do valor da vida de todos e não apenas dos já integrados. O grande desafio é a inclusão de todos. Temos que pensar numa sociedade da qual ninguém seja excluído! Que todos tenham o direito de viver. Para isso é preciso mudar a forma de aplicação dos recursos.

Atenção especial em relação à economia está relacionada com a vida dos pobres que necessitam de libertação econômica: *"Enquanto não forem radicalmente solucionados os problemas dos pobres, renunciando à autonomia absoluta dos mercados e da especulação financeira e atacando as causas estruturais da desigualdade social, não se resolverão os problemas do mundo e, em definitivo, problema algum. A desigualdade é a raiz dos males sociais"* (*Evangelii Gaudium*, 202). A proposta lançada pelo Papa Francisco, para que os jovens economistas do mundo inteiro pensem uma nova forma de economia a serviço do bem comum, propondo o caminho de "realmar a economia". A 6ª Semana Social Brasileira (2020-2022) – Mutirão pela vida: Por Terra, Teto e Trabalho – remete ao discurso do Papa Francisco no 2º Encontro Mundial dos Movimentos Populares, em Santa Cruz de la Sierra, Bolívia, em 2014: *"A primeira tarefa é pôr a economia ao serviço dos povos. Os seres humanos e a natureza não devem estar ao serviço do dinheiro. Digamos NÃO a uma economia de exclusão e desigualdade, onde o dinheiro reina em vez de servir. Esta economia mata. Esta economia exclui. Esta economia destrói a Mãe Terra*". No final de seu discurso, o Papa Francisco sinaliza a importância dos movimentos populares para a transformação da sociedade: "*O futuro da humanidade não está unicamente nas mãos dos grandes dirigentes, das grandes potências e das elites. Está fundamentalmente nas mãos dos povos; na sua capacidade de se organizarem e também nas suas mãos que regem, com humildade e convicção, este processo de mudança. Estou convosco. E cada um, repitamos a nós mesmos do fundo do coração: nenhuma família sem teto, nenhum camponês sem terra, nenhum trabalhador sem direitos, nenhum povo sem soberania, nenhuma pessoa sem dignidade, nenhuma criança sem infância, nenhum jovem sem possibilidades, nenhum idoso sem uma veneranda velhice. Continuai com a vossa luta e, por favor, cuidai bem da Mãe Terra*".

2.2 Libertação na dimensão política

Falar da dimensão política da libertação indica o caminho da radicalização da democracia na busca do reconhecimento dos direitos do homem-mulher-pobre-excluído como direitos fundamentais dos cidadãos e cidadãs no Estado. Radicalizar a democracia significa apostar na capacidade das pessoas de serem construtoras do conjunto da vida social. A democratização do político exige a desconcentração e descentralização da política, da terra, das águas, dos meios de comunicação. Indica o valor da participação e da ação política de cada cidadão e cidadã no que se refere ao bem comum, ao bom e justo funcionamento da vida na cidade. A participação política exige também a construção coletiva na qual todos podem participar, dando sua contribuição para o todo. Isto exige o respeito pelas diferenças que vão enriquecendo o conjunto da sociedade. Indica que tudo pode ser mudado e nada está colocado como acabado. Mostra também que é necessário ligar o individual com o coletivo, construindo instâncias de decisão nas quais o poder possa ser partilhado, articulando o local com o global, ou seja, pensar globalmente e agir localmente. Importante também não permanecer apenas com os direitos que outros nos garantiram. Além de defender os direitos adquiridos, a cidadania ativa aponta para a conquista de *novos direitos*. Mostra a importância *da luta pelo direito a ter direitos!* Para se conseguir esta cidadania ativa é preciso criar novos espaços de participação na sociedade e na Igreja. É preciso buscar um controle por parte da população organizada de todas as instâncias de decisão. Importante também sinalizar que *"para os cristãos, o interesse e preocupação com a promoção e o respeito dos direitos humanos, tanto individuais quanto coletivos, não são opcionais. O ser humano é criado à imagem e semelhança de Deus Criador, e sua dignidade é inviolável. É por isso que a defesa e a promoção dos direitos humanos não são meramente um dever político ou uma tarefa social, mas também, acima de tudo, um requisito de fé"* (*Sínodo para a Amazônia* – Documento Final, 70).

2.3 Libertação na dimensão cultural da vida

Libertação da alienação para o reconhecimento dos outros. Trata-se da emancipação como base do reconhecimento da alteridade e dos valores da interculturalidade (cf. *Querida Amazônia*, 36-38) e da descoberta da identidade no reconhecimento dos outros: *"É a partir das nossas raízes que nos sentamos à mesa comum, lugar de diálogo e de esperanças compartilhadas. Deste modo, a diferença que pode ser uma bandeira ou uma fronteira, transforma-se numa ponte. A identidade e o diálogo não são inimigos"* (*Querida Amazônia*, 37; cf. tb. n. 76). Busca-se um processo que poderemos chamar de personificação na socialização.

2.4 Libertação no relacionamento da sociedade com a natureza

Evitar a destruição da natureza pela indústria e pelo mercado total. A natureza não é um objeto, mas o lugar dos seres humanos com toda a comunidade de vida viverem. O não cuidado da Terra, nossa Casa Comum, é o pecado da irresponsabilidade humana: *"Promomos definir o pecado ecológico como uma ação ou omissão contra Deus, contra o próximo, a comunidade e o meio ambiente. É um pecado contra as gerações futuras e se manifesta em atos e hábitos de contaminação e destruição da harmonia do ambiente, em transgressões contra os princípios da interdependência e na ruptura das redes de solidariedade entre as criaturas (cf. Catecismo da Igreja Católica, 340-344) e contra a virtude da justiça"* (*Sínodo para a Amazônia – Documento Final*, 82). Esta proposta visa respeitar a natureza como a mãe da vida[63]. Deste modo, não poderá haver ecologia sem uma adequada antropologia (cf. *Laudato Si'*, 118-119).

2.5 Libertação na relação do homem-mulher, da sociedade e da natureza com o sentido da vida

A crise de sentido perturba quer as sociedades de miséria como as sociedades do bem-estar social. Devemos retrabalhar a questão da utopia. Sobretudo a utopia a partir dos pobres e excluídos.

A partir da certeza de que Deus, em Jesus Cristo, não abandona seus filhos e filhas e que a própria natureza espera sua libertação (cf. Rm 8,22-23), podemos dizer que:

---

63. Cf. *Puebla*, n. 322, 325. Cf. tb. HINKELAMMERT, F. *Capitalismo sin Alternativas? Sobre la Sociedad que sostiene que no hay alternativa para ella"*. Em *Pasos, 37* (setiembre-octubre/1991), pp. 11-24, em que o autor fala de uma *"racionalidade reprodutiva"*. Sem dúvida, *o Discurso de Seattle*, Cacique dos Duwamish-USA, pode servir de excelente material de reflexão sobre o valor da terra e da ecologia: Cf. BOFF, L. *Dignitas Terrae. Ecologia: Grito da Terra, Grito dos Pobres*. São Paulo: Ática, 1995, pp. 335-341. Cf. ainda BOFF, L., *Ecologia, mundialização e espiritualidade*. São Paulo: Ática, 1993.

1) **No círculo infernal da pobreza-miséria:** Deus não morreu. Ele se faz pão. Podemos afirmar, neste sentido, a função biológica da fé na defesa da vida.

2) **No círculo infernal da violência:** Deus é experimentado como libertação devolvendo ao homem-mulher-pobre-excluído sua dignidade e conferindo-lhe responsabilidade. Mesmo na miséria o pobre não perde sua dignidade.

3) **No círculo infernal da alienação:** Deus é sentido na experiência da identidade e do reconhecimento mútuo.

4) **No círculo infernal da destruição:** Deus é experimentado na alegria de existir e na paz entre o homem e a natureza: "*Na verdade, a pessoa humana cresce, amadurece e santifica-se tanto mais, quanto mais se relaciona, sai de si mesma para viver em comunhão com Deus, com os outros e com todas as criaturas. Assim assume na própria existência aquele dinamismo trinitário que Deus imprimiu nela desde a sua criação. Tudo está interligado, e isto convida-nos a maturar uma espiritualidade da solidariedade global que brota do mistério da Trindade*".

5) **No círculo infernal do absurdo e do esquecimento:** Deus vem ao encontro do homem-mulher-pobre-excluído sob a figura do crucificado que lhe comunica a "*coragem de ser*".

Estes caminhos de libertação nos mostram o processo trinitário acontecendo na história através da circularidade trinitária (pericorese):

- A presença real de Deus como Pai-Mãe da vida. Deus Pai-Mãe como Origem, Amor Fontal e grande Econômo da Criação e da História: "*O Pai é a fonte última de tudo, fundamento amoroso e comunicativo de tudo o que existe. O Filho, que O reflete e por Quem tudo foi criado, uniu-Se a esta terra, quando foi formado no seio de Maria. O Espírito, vínculo infinito de amor, está intimamente presente no coração do universo, animando e suscitando novos caminhos. O mundo foi criado pelas três Pessoas como um único princípio divino, mas cada uma delas realiza esta obra comum segundo a própria identidade pessoal. Por isso, "quando, admirados, contemplamos o universo na sua grandeza e beleza, devemos louvar a inteira Trindade"* (*Laudato Si'*, 238).

- A fraternidade de Jesus Cristo como participação sofredora, solidária e ativa na história deste Deus. Seu ser Filho de Deus é apresentado como caminho de justiça, igualdade e fraternidade entre os seres humanos e de respeito e cuidado com todos os seres da comunidade de vida: "*Segundo a experiência cristã, todas as criaturas do universo material encontram o seu verdadeiro sentido no Verbo encarnado, porque o Filho de Deus incorporou na sua pessoa parte do universo material, onde introduziu um gérmen de transformação definitiva*" (*Laudato Si'*, 235).

- O Espírito Santo como força que geme e liberta, suscitando a liberdade e a interioridade e assegurando na História uma continuidade criadora à função de Jesus: a de revelar a pessoa à própria pessoa, recriando as práticas libertadoras. O Espírito faz o re-conhecimento de Jesus no interior da práxis eclesial e da práxis histórica, sendo o grande unificador da história, para além de nossas diferenças (cf. BOFF, 1987 : 233-239).

Em Jesus Cristo Ressuscitado temos a inserção definitiva do eterno na história: O Ressuscitado age na Igreja, de onde atua na humanidade, dando-lhe nova consciência (Espírito), para que ela viva uma nova vida (Jesus Cristo) e se realize totalmente (Pai). A realização plena, a consumação deste Deus, que é Comunhão de Pessoas, se efetiva no Reino do Deus Trindade, libertando todas as coisas e enchendo-as de sentido (cf. Rm 8,1-30; 1Cor 15,24-28).

3 A morte de Jesus, a idolatria do mercado e o sacrifício dos pobres

Há uma afirmação fundamental presente na nossa profissão de fé e que não podemos deixar de lado sem comprometer o mistério da encarnação: "*E por nós homens-mulheres (anthropos), e para nossa salvação (soteria), desceu dos céus e se encarnou pelo Espírito Santo, no seio da Virgem Maria, e se fez homem (humano – "humanatus est")*" (DENZINGER, 1963: 86; *Catecismo da Igreja Católica*, n. 184). Isto quer significar que Jesus entra na conflitividade humana e sua vida e morte só podem ser compreendidas dentro do contexto sócio-histórico de sua época. Como afirma a *Gaudium et Spes, 22: "Com efeito, por Sua encarnação, o Filho de Deus uniu-se de algum modo a todo homem. Trabalhou com mãos humanas, pensou com inteligência humana, agiu com vontade humana, amou com coração humano. Nascido da Virgem Maria, tornou-Se verdadeiramente um de nós, semelhante a nós em tudo, exceto no pecado".*

Toda tentativa de tirar Jesus das implicações econômicas, políticas e sociais de sua época é um atentado contra a encarnação. É uma nova forma de docetismo que nega o fato de Jesus ter assumido verdadeiramente a história humana. Segundo os evangelhos, Deus não quer que o Filho morra para *satisfazê-lo*, mas quer que Ele não se evada magicamente da condição humana, mas que seja coerente e que assuma a conflitividade de sua história até o fim, como consequência de sua opção pelos pobres, oprimidos, marginalizados e excluídos de seu tempo (cf. GALLARDO, 1997: 253). Desvincular a morte de Jesus das suas motivações humanas e causas históricas é favorecer uma má compreensão do sentido desta morte, como se fosse um simples *destino trágico* ou *determinismo* que isentam todos de qualquer responsabilidade frente ao crime cometido.

3.1 As autoridades romanas e a morte de Jesus

A morte de Jesus, para as autoridades romanas, é compreendida como manutenção da ordem do Império, *ordem sagrada e mantida pelos deuses* e que não poderia ser, de modo algum, atacada. Eis como Flávio Josefo mostra a impossibilidade de enfrentá-las, pois lutar contra os romanos seria lutar contra Deus: *"A fortuna, de fato, tinha de todos os cantos vindo para eles (romanos), e Deus, que percorrera a rota das nações, trazendo a cada uma o bastão do império, agora descansava sobre a Itália...Vocês não estão guerreando contra os romanos apenas, mas também contra Deus... A Divindade escapou dos lugares sagrados e assumiu Sua posição ao lado daqueles contra quem vocês agora estão lutando"* [64].

3.2 Os dirigentes judeus e a morte de Jesus

Para os dirigentes judeus, a morte de Jesus é vista como cumprimento da Lei: *"Nós temos uma lei, e segundo esta lei ele deve morrer, porque se fez Filho de Deus"* (Jo 19,7). Na verdade, é uma forma de *sacrifício* para *purificar* a cidade na linha do *"bode expiatório"* (GIRARD, 2004: 133-147). É também uma forma de manutenção do *status quo* favorável ao grupo dominante: *"Vocês não sabem nada. Vocês não percebem que é melhor um só homem morrer pelo povo, do que a nação inteira perecer?"* (Jo 11,49-50). Estamos diante da legitimação do sacrifício pela Lei e que encobre toda e qualquer responsabilidade (cf. Lc 4,22-30).

3.3 O mercado globalizado e a morte de Jesus

Hoje, estamos diante de uma sociedade que diviniza o Mercado. Os dominantes de hoje fazem muitas promessas, tentando

---

64. JOSEFO, F. *A guerra dos judeus, 5.367,378,412*, citado por CROSSAN, J.D. *Quem matou Jesus?* Rio de Janeiro: Imago, 1995, p. 27 (o grifo é nosso).

conquistar a cabeça e o coração das pessoas. Há um processo de divinização e sacralização do Mercado: *"Quando se pretende revalorizar a religião como um instrumento de criação de confiança ou de outros objetivos em vista do aumento da eficiência e, em última instância, da riqueza, está negando à religião o que lhe é mais próprio: a referência à transcendência e, portanto, a relativização de todas as instituições humanas. Esta instrumentalização da religião ou a redução da religião a um instrumento de acumulação econômica só é possível e compreensível com a absolutização de algo que é exterior à experiência religiosa e que é inteiramente humano: o mercado. A lógica do mercado, com sua lei da concorrência e a sobrevivência do mais eficaz, é elevada à condição de absoluto que sustenta todo o sistema"* (SUNG, 1998: 129-130; cf. tb. *Laudato Si'*, 202-204).

Na mesma perspectiva, João Paulo II indica a presença da Idolatria do Mercado na atual dinâmica do Capital Neoliberal: *"Domina cada vez mais, em muitos países americanos, um sistema conhecido como "neoliberalismo"; sistema este que, apoiado numa concepção economicista do homem, considera o lucro e as leis de mercado como parâmetros absolutos com prejuízo da dignidade e do respeito da pessoa e do povo. Por vezes, este sistema transformou-se numa justificação ideológica de algumas atitudes e modos de agir no campo social e político que provocam a marginalização dos mais fracos. De fato, os pobres são sempre mais numerosos, vítimas de determinadas políticas e estruturas frequentemente injustas"* (JOÃO PAULO II, 1999, n. 56).

Por isso, os dominantes exigem a *fé no Mercado* que por sua vez promete realizar a *felicidade de todos*[65]. Os dominantes proclamam que *fora do Mercado não há Salvação!* Tudo que possa contrariar o livre-desenvolvimento do Mercado é perigoso e deve ser imedia-

---

65. O Papa Francisco indica que se trata de um *"dogma de fé neoliberal"* (*Fratelli Tutti*, 2020: 168).

tamente extirpado. Na verdade, é isso que estamos presenciando no Brasil e na América Latina e Caribe com a implementação do sistema neoliberal: crianças de rua, índios, favelados, presidiários, trabalhadores sem terra, são *estorvo*[66] e devem ser *removidos*, pois estão atrapalhando o livre-desenvolvimento do Mercado. Neste sentido é que podemos compreender que a morte destas pessoas é o sacrifício exigido pela dinâmica do Mercado para resolver a crise econômica brasileira e também em muitos países da América Latina e do Caribe, como também em muitos países do mundo. A eliminação das crianças da Candelária, o massacre dos Yanomami, dos favelados de Vigário Geral, dos presidiários do Carandirú, dos Sem-terra de Corumbiara e Eldorado de Carajás, os mortos do coronavírus por falta de atendimento sanitário durante a pandemia, seguem esta *lógica da lucratividade*. Estas pessoas só dão prejuízo e por isso não têm direito de viver. Quem as mata está prestando um serviço à nação, pois está *limpando a cidade* e colaborando com a sociedade. As vítimas se tornam culpadas. Até as crianças entram na lógica da eliminação, pois ou são *trombadinhas* ou se tornarão! E por isso é preciso eliminá-las imediatamente para preservar o futuro da sociedade!

Por que estamos fazendo a aproximação da morte de Jesus com a morte dos excluídos de hoje? Exatamente para mostrar que desvincular a morte de Jesus de suas causas históricas pode nos levar à legitimação do sacrifício como algo inevitável. Do mesmo modo, se desvincularmos a morte das crianças de rua,

---

66. *"Mas sobretudo será necessário abandonar uma mentalidade que considera os pobres – pessoas e povos – como um fardo e como importunos maçadores, que pretendem consumir tudo o que os outros produziram. Os pobres pedem o direito de participar no usufruto dos bens materiais e de fazer render sua capacidade de trabalho, criando assim um mundo mais justo e mais próspero para todos. A elevação dos pobres é uma grande ocasião para o crescimento moral, cultural e até econômico da humanidade inteira"* (JOÃO PAULO II. *Centesimus Annus*. São Paulo: Paulinas, 1991, n. 28; cf. tb. *Evangelii Gaudium*, 197-204).

dos presos, dos índios, dos favelados, dos sem-teto, dos sem-terra e dos mortos pela pandemia, dos motivos econômicos e políticos, estaremos também legitimando a lógica da eliminação. Ninguém se sente responsável por estes massacres e a própria sociedade nada faz para que os responsáveis sejam identificados. Há na verdade um acordo tácito, escondido, que se torna aceitação do sacrifício de inocentes e vítimas de uma organização social injusta e insolidária.

Perguntas

1) A cruz adquire, a partir da morte de Jesus, um sentido teológico de libertação-salvação. Nesse sentido, escolher uma das dimensões da vida humana (economia, política, cultural, ecológica) e aprofundar, escolhendo as mediações necessárias (socioanalítica, filosófica, histórica, antropológica), sua relação, a partir da perspectiva teológica, com a cruz como possibilidade de libertação-salvação.

2) Quais os caminhos de salvação-libertação que podem tornar a cruz de Jesus solidária com os que sofrem. Concretamente, como pregar hoje a cruz de Nosso Senhor Jesus Cristo?

3) Como superar a preocupação da salvação pessoal e se engajar, a partir da memória perigosa de um Deus crucificado num projeto de libertação dos pobres e excluídos, construindo uma sociedade na qual todos e todas possam ser incluídos?

4) A crise de sentido perturba as sociedades de miséria e fome, como também as sociedades de consumo que estão dilapidando os recursos naturais. É possível, a partir da libertação-salvação da cruz de Jesus Cristo, reconstruir a utopia da Terra sem males e do Sumak Kawsay (Bem Viver e o Bem Conviver)? Como compreender, a partir da *Laudato Si'*, a ecologia integral?

5) A morte de Jesus foi vista pelos dirigentes judeus como um *sacrifício necessário*, exigido pela Lei. Hoje, o mercado total continua exigindo *sacrifícios humanos* através da morte de crianças de rua, sem terra, sem teto, índios, mulheres, afirmando a necessidade de se purificar a cidade. O que há em comum nestas mortes?

Capítulo 10
Teologia da ressurreição

A ressurreição está no coração do cristianismo (cf. 1Cor 15,12-15), mas como realidade transcendente só pode ser avaliada pela fé-esperança (cf. HAIGTH, 2003: 156). A ressureição fez com que os discípulos se constituíssem novamente como comunidade e superassem o fosso cavado pela morte (cf. SCHILLEBEECKX, 1994: 160-175). São Paulo (cf. 1Cor 1,17-25) mostra que a morte de Jesus era um escândalo que deveria ser ultrapassado, pois a cruz era vista como maldição (cf. Gl 3,13; Dt 21,23), somente superada pela ressurreição (cf. Jo 17). A morte do Messias na cruz causava muitos problemas e exigia um grande esforço de explicação por parte das primeiras comunidades. O uso das Escrituras ajudou as comunidades nesta superação do escândalo e loucura. Eis o sentido da teologia da ressurreição: *"A mensagem de Jesus, sua humanidade, sua tolerância, seu respeito, sua incansável luta contra tudo que é inumano em nós, contra todas as nossas escravidões e sentimentos de culpa, nossas obscuridades perante um futuro de morte a que estamos inevitavelmente votados, tudo isso encontra na ressureição a firme convicção de quem sabe que inumano da humanidade e o negativo da vida estão superados. Em definitivo, pela ressurreição sabemos que esta vida, não obstante todo os seus sem-sentidos, continua tendo sentido"* (CASTILLO, 2015: 507).

Os relatos das aparições fazem parte de um gênero literário próprio. Eles buscam passar o querigma da comunidade. Não são relatos de tipo histórico, mas procuram mostrar a nova forma de presença do ressuscitado. Há, nos relatos, uma continuidade e uma descontinuidade, revelando que estamos diante de um mistério que somente será captado pela fé. Somente quem tem fé é que pode ver o ressuscitado (cf. 1Jo 1,1-4).

A ressurreição ratifica o caminho histórico de Jesus e manifesta a aceitação por Deus Pai da sua vida, sua prática e sua morte (Jo 8,14; 14,6). A ressurreição confirma que a morte não tem a última palavra sobre a vida de Jesus. Esta certeza de que Jesus venceu a morte, abre a possibilidade de se proclamar o seu senhorio e seu reinado sobre toda a história e sobre o universo. A ressurreição aponta que toda a humanidade tem um horizonte definido, caminhando para a perspectiva da plenitude onde Deus será tudo em todos (1Cor 15,24-28). Assumindo a causa do oprimido e aproximando-se dos deserdados e excluídos, o crucificado que é o ressuscitado torna-se a esperança dos que esperam contra toda esperança.

1 Ratificação (confirmação) da vida, prática, mensagem, caminho, morte de Jesus por Deus Pai (At 2,36)

Na linguagem bíblica há a ratificação do caminho (cf. Jo 8,14; 14,6): *"A realidade da ressurreição, pela qual se suscitou a fé pascal é a comprovação da compreensão de Deus pregada por Jesus e de nossa cristologia soteriológica. Na ressurreição, Deus avaliza a pessoa, a mensagem e todo o caminho de vida de Jesus. Imprime-lhes seu selo, contradizendo ao que os homens fizeram a Jesus. Assim como a morte de Jesus não se pode separar de sua vida, também sua ressurreição não se pode separar de seu caminho de vida e de sua morte"* (SCHILLE-BEECKX, 1994: 172). O Crucificado é inserido definitivamente na História. O Eterno entra na História e Deus (Emanuel) está definitivamente conosco (cf. Mt 28,18-20): "*Quando Deus ressuscita Jesus, ressuscita sua vida terrena marcada por sua entrega ao Reino de Deus, seus gestos de bondade para com os pequenos, sua obediência até à morte. Jesus ressuscita com um "corpo" que recolhe e dá plenitude à totalidade de sua vida terrena*" (PAGOLA, 2010: 496). Podemos sentir o eco de Ex 3,7-10.13-15 (cf. Ap 1,8).

2 O evento bíblico da ressurreição

No nível das narrações evangélicas o "*fato histórico*"[67] da ressurreição está atestado de diferentes formas:

2.1 O túmulo vazio: (cf. Mc 16,1-8; Mt 28,1-8; Lc 24,1-8; Jo 20,1-10)

Estamos diante de textos que são escritos a partir da fé e não para provar a fé: "*Na origem [...] os relatos não pretendiam que alguém viu o sepulcro vazio e depois acreditou no Ressuscitado; mostram que a fé na ressurreição não nasceu do achado do sepulcro vazio, mas da mensagem celeste; seu objetivo não é propriamente biográfico, mas teológico. No sepulcro, que simboliza a morte, Deus, pelo seu anjo, anuncia à comunidade que ressuscitou Jesus dos mortos*"[68]. É importante ressaltar a perspectiva da revelação: "*O que é decisivo na narração*

---

67. A reflexão teológica tem a tarefa de explicar a ressurreição de Jesus no contexto dos problemas ou questões fundamentais decorrentes da conjunção entre história e teologia. Como a ressurreição de Jesus não foi um retorno à vida neste mundo, não foi ressurreição de um cadáver, pareceria melhor dizer que "*a ressurreição de Jesus não é um fato histórico, porque a ideia de fato histórico sugere um evento empírico que poderia ter sido testemunhado e pode agora ser concebido pela via da imaginação*" (HAIGTH, 2003: 154; cf. tb. 149). "*A ressurreição já não é propriamente um "fato histórico", como tantos outros que acontecem no mundo e que podemos constatar e verificar, mas é um "fato real" que aconteceu realmente*" (PAGOLA, 2010: 497).

68. LÉON-DUFOUR, X. *Resurrección de Jesús y mensaje pascual.* Salamanca: 1992 (3ª ed.), citado por SOBRINO, J. *A fé em Jesus Cristo: Ensaio a partir das vítimas.* Petrópolis: Vozes, 2000, p. 95.

não é o sepulcro vazio, mas a "revelação" que o enviado de Deus faz às mulheres. O relato não parece escrito para apresentar o sepulcro vazio de Jesus como uma prova de sua ressurreição. De fato, o que ele provoca nas mulheres não é fé, é sim medo, tremor e espanto. É a mensagem do anjo que é preciso ouvir e, naturalmente, esta revelação exige fé. Somente quem crê na explicação apresentada pelo enviado de Deus pode descobrir o verdadeiro sentido do sepulcro vazio" (PAGOLA, 2010: 512).

A perspectiva dominante é cultual. Não se está preocupado em provar nada, mas sim mostrar a fé da comunidade que venera o sepulcro vazio de Jesus. Jon Sobrino fala em *sepulcro aberto* (cf. SOBRINO, 2000: 94-95). O Novo Testamento nunca fundamenta a ressurreição de Jesus no fato de que o sepulcro estivesse vazio, mas sim no encontro com o ressuscitado: *"Os relatos sobre o sepulcro vazio não estão escritos para provar a ressurreição, mas estão escritos a partir da fé já existente no Ressuscitado"* (SOBRINO, 2000: 95). O Catecismo da Igreja Católica assim expressa essa realidade: *"No conjunto dos acontecimentos da Páscoa, o primeiro elemento com que se depara é o sepulcro vazio. Ele não constitui em si uma prova direta. A ausência do corpo de Cristo no túmulo poderia explicar-se de outra forma. Apesar disso, o sepulcro constitui para todos um sinal essencial"* (n. 640).

2.2 Testemunho das mulheres (Mt 28,1-8; Mc 16,1-8; Lc 24,1-12; Jo 20,1-2.11-18), dos apóstolos (Jo 20,3-10.19-29), dos guardas (Mt 27,62-66; 28,4)

Estes relatos mostram a relação da ressurreição de Jesus com sua história. Além de indicar o papel da mulher – *"O fato é inegável e mostra o protagonismo das mulheres nos acontecimentos pascais, claramente superior ao dos homens...O importante para nosso propósito é frisar que essas mulheres que estão junto ao túmulo, a quem se anuncia a ressurreição e às quais Jesus aparece, são as mesmas que tinham se-*

guido Jesus desde a Galileia. Jesus não só revalorizou sua existência em uma situação patriarcal, mas as chamou como discípulas" (SOBRINO, 2000: 102) – e dos discípulos na vida de Jesus, manifestam que a páscoa está em relação direta com a vida de Jesus e quem faz a experiência pascal são aquelas e aqueles que o seguiram em vida: *"A ressurreição aponta para o futuro... mas os discípulos "o reconheceram pelas marcas dos pregos e pelo jeito de tomar o pão". As aparições são descritas, assim, de tal maneira que o Ressuscitado é retrotraído a Jesus. E isso aparece também no fato fundamental e decisivo de quem são testemunhas da ressurreição: são aqueles que viveram com Jesus e foram atraídos por Ele, por sua mensagem e sua causa"* (SOBRINO, 2000: 100; cf. tb. *Catecismo da Igreja Católica*, n. 642). Como nos afirma E. Schillebeeckx: *"O caminho de vida de Jesus é, com efeito, em si mesmo práxis do Reino de Deus e antecipação histórica da ressurreição, e sua morte é parte integrante deste caminho de sua vida"* (SCHILLEBEECKX, 1994: 170; cf. tb. HAIGTH, 2003: 174).

3 A ressurreição como revelação

Os relatos da ressurreição são sempre relatos à luz da fé pascal. Eles são apresentados e, como em todo o processo de revelação, devem ser acolhidos por uma decisão da pessoa, que aceita o testemunho de quem fala e vive em consequência (cf. PAGOLA, 2010: 499-500; cf. tb. BÖSEN, 2015: 197-198, 200).

3.1 Os discípulos e discípulas e a ressurreição

A fé na ressurreição passa pelos apóstolos e apóstolas, homens e mulheres que atestam sua fé no que viram e ouviram (cf. 1Jo 1,1-4): *"Quem quiser, portanto, entrar no domínio da significação de Jesus de Nazaré, quer dizer, no das cristologias, deverá confiar que os discípulos de Jesus são sinceros quando nos asseguram terem tido real-*

mente a certeza de ter visto Jesus depois de sua morte, cheio de vida, e se sentem obrigados, portanto, a tirar importantes consequências dessas experiências para interpretá-lo" (SEGUNDO, 1985 II/I: 267).

3.2 Ressurreição e nova humanidade

A ressurreição é apresentada como o início da Nova Humanidade (cf. 2Cor 5,17). Jesus é o Novo Adão (Rm 5,12-20). O primogênito dentre os mortos (1Cor 15,12-28): *"Os primeiros cristãos pensam que com esta intervenção de Deus inicia-se a ressurreição final, a plenitude da salvação. Jesus é só o "primogênito dentre os mortos" (Cl 1,18), o primeiro a nascer para a via definitiva de Deus. Ele se antecipou a desfrutar de uma plenitude que nos espera também a nós. Sua ressurreição não é algo privado, que afeta somente a Ele; é o fundamento e a garantia da ressurreição da humanidade e da criação inteira. Jesus é "primícia", o primeiro fruto de uma colheita universal (1Cor 15,26). "Deus, que ressuscitou o Senhor, nos ressuscitará também a nós por sua força" (1Cor 6,14). Ressuscitando Jesus, Deus começa a "nova criação"* (PAGOLA, 2010: 498). Os títulos cristológicos são frutos da experiência pascal.

3.3 Ressurreição e experiência de fé

Jesus Ressuscitado *se deixa ver* (*óphte*)[69] pelos apostólos e apóstolas. Há uma experiência de fé (cf. 1Jo 1,1-4), que nos é narrada pelos relatos das aparições. Para compreender estes relatos, é importante repensar o valor da narração e seu poder de tornar real

---

69. *"O conceito decisivo empregado pela comunidade primitiva para descrever as aparições pascais é óphte (do gr.* horáo: ver)... *É com esse verbo* óphte *(deixou-se ver) que o AT descreve as* teofanias *e as aparições de Deus, por exemplo, em Gn 12,7; 17,1; 18,1; 26,1; Ex 3,2 e outras. É desse contexto do AT que a comunidade assume o conceito para reproduzir suas experiências com o ressuscitado. Com isso, a direção está apontada; é a partir daí que as aparições pascais querem ser entendidas"* (BÖSEN, 2015: 159-160). Cf. tb. HAIGTH, 2003: 162; PAGOLA, 2010: 502-503).

o acontecimento relatado: *"O próprio narrar é acontecimento; ele tem a unção de uma ação sagrada... A narração é mais do que um reflexo; a essência sagrada, que nela é testemunhada, continua a viver nela. Milagre que se narra torna-se, de novo, poderoso... Pediram a um rabi, cujo avô fora discípulo de Baalschem, para contar uma história. 'Uma história', disse ele, 'deve-se contar de tal modo que ela própria seja ajuda'. E narrou: 'O meu avô era paralítico. Uma vez pediram-lhe para contar uma história de seu mestre. Então ele contou como o santo Baalschem ao rezar costumava dançar e saltar. Meu pai levantou-se e contou; e a narração arrebatou-o de tal maneira, que ele tinha de mostrar, saltando e dançando, como o mestre o tinha feito. A partir dessa hora ele estava curado. Assim se devem contar história"[70]*.

Este *deixar-se ver* (*óphte*) nos indica o modo da presença do ressuscitado e mostra-nos o sentido do gênero literário das aparições. Não são relatos de tipo histórico (como o relato do sepultamento), mas são *relatos teológicos* que querem mostrar de que natureza é a nova presença do ressuscitado: corpo espiritual – "soma pneumatikon" – (1Cor 15,44-49) com uma *continuidade*, isto é, deixa-se ver, come, fala e com uma *discontinuidade*, isto é, passa parede, não se deixa tocar: Nas aparições aparece uma discontinuidade essencial em Jesus, pois o morto aparece vivo e o crucificado aparece como o exaltado. Porém se realça também a continuidade: *"A ressurreição não transformou Jesus de tal maneira que sua vida terrestre teria sido algo provisório, mas a ressurreição, sobretudo, dá validade definitiva e perene a essa vida. Em vista disso, Jesus será sempre o caminho para Cristo ressuscitado e, correlativamente, o seguimento de Jesus então – e analogamente na atualidade – será condição necessária para ter uma experiência direta – ou análoga – à das aparições"* (SOBRINO, 2000: 102; cf. tb. RICHARD, 1985:

---

70. BUBER, M. Chassidische Geschichten (histórias chassídicas), citado por METZ, J.B. *A fé em história e sociedade*. São Paulo: Paulinas, 1981, p. 242.

77-78). Também o Catecismo da Igreja Católica, nº. 645 aponta na mesma direção: *"Jesus ressuscitado estabelece com seus discípulos relações diretas em que estes o apalpam e com Ele comem. Convida-os com isso a reconhecer que Ele não é um espírito, mas sobretudo constatar que o corpo ressuscitado com o qual Ele se apresenta a eles, é o mesmo que foi martirizado e crucificado, pois ainda traz as marcas de sua Paixão. Contudo, este corpo autêntico e real possui ao mesmo tempo propriedades novas de um corpo glorioso: não está mais situado no espaço e no tempo, mas pode tornar-se presente a seu modo, onde e quando quiser, pois sua humanidade não pode mais ficar presa à terra, mas já pertence exclusivamente ao domínio divino do Pai".*

Os relatos das aparições assumem um peso teológico fundamental, que não nega a dinâmica histórica, mas aponta para o sentido mais profundo do mistério da ressurreição: *"As narrações acerca das aparições de Jesus não são "históricas". Não porque sejam falsas, mas porque são mais que históricas. Pertencem a um plano em que se julga e se verifica o sentido da história. Pertencem ao escatológico. Relatam-nos, portanto, experiência de uma escatologia antecipada. Como tais devemos entendê-las e como tais também julgá-las"* (SEGUNDO, 1985: II/I 280). Nos relatos das aparições, com seu gênero literário próprio, há três características:

a) A iniciativa é do ressuscitado (cf. BÖSEN, 2015: 160): Há uma experiência real vivida pelos discípulos. Neste sentido, as aparições confirmam a fé existente. Não são uma prova independentemente dela: *"Em todas as ocasiões a ponte entre o ressuscitado e o Jesus pré-pascal se estabelece da mesma maneira indireta: pela reminiscência de algo característico de Jesus e que permanece, ou reaparece, apesar da transformação operada nele: outra pesca milagrosa, o nome próprio pronunciado, a fração do pão, as feridas recebidas na cruz..."* (SEGUNDO, 1985: II/I,

272). As aparições ocorrem geralmente durante as refeições, o que nos leva a pensar *"na relação entre a experiência da ressurreição e celebração eucarística da comunidade primitiva, de modo que a Eucaristia seria uma reinterpretação cristã da Páscoa, cruz/ressurreição"* (SOBRINO, 2000: 99-100).

b) Os discípulos o reconhecem: Os discípulos descobrem a identidade do ser que se impõe diante deles: é o próprio Jesus de Nazaré cuja vida e morte conheceram, aquele que morreu está vivo: *"É a experiência da ressurreição que pode revelar-lhes a verdadeira identidade de Jesus e o conteúdo profundo de sua mensagem e de sua atuação"* (PAGOLA, 2010: 529). O ressuscitado é o crucificado (cf. At 2,36).

c) O Ressuscitado abre a esperança para o futuro: A promessa da presença permanente e definitiva do Ressuscitado assegura a esperança (cf. Mt 28,20; Ex 3,13-15) e abre a perspectiva da missão: *"A experiência de que Jesus estava vivo e com Deus conferiu sustentação ao tema do chamado e impulso para dar continuidade à obra de Jesus. A iniciativa dessas experiências, de acordo com as testemunhas, partia de Deus. A dimensão missionária da experiência envolvia a expansão do movimento que fora iniciado com Jesus... O compromisso com o Jesus ressuscitado, sob a forma de resoluta adesão à sua causa e movimento, é inerente a todos os relatos de aparição. E a garantia mais sólida para a crença de que Jesus ressuscitou encontra-se nos efeitos da experiência que tais narrativas expressam"* (HAIGTH, 2003: 164-165). A presença de Jesus ressuscitado não é estática, mas dinâmica: *"Se de alguma forma não for transmitida e contagiada por testemunhas, a ressurreição de Cristo se perde no passado, não pode afetar a história presente, não pode ser recordada como* *estímulo de uma vida nova. A ressureição precisa de crentes que se responsabilizem pelo testemunho e que, com sua existência renovada, a introduzam na vida de hoje. A experiência pascal não existe nem pode ser imaginada ali onde não pode se conectar com as testemunhas"* (PAGOLA, 2019: 183).

4 Jesus Cristo, Senhor da História: Dimensão escatológica da História

A ressurreição de Jesus marca o termo de chegada do processo humano em direção a Deus. Realiza-se em Jesus a *unidade* sem perda de *identidade* de nenhuma das partes: o humano e o divino. Realiza-se nele a máxima hominização. Ele é o homem perfeito (cf. Ef 4,1-16; *GS*, 22,38). A partir da ressurreição de Jesus, toda a humanidade tem seu horizonte definido, pois nele somos nova criatura (2Cor 5,17) e caminhamos na perspectiva de que Deus nos plenificará (cf. 1Cor 15,24-28).

4.1 *A morte não tem a última palavra sobre Jesus: Transcendência*

A história de Jesus não acabou com sua morte. Ele vive para além da morte e sua ressurreição reagrupa os discípulos na fé e esta comunidade, animada pelo Espírito do Ressuscitado, atualiza sua prática e o torna presente definitivamente na história, proclamando-o Senhor e Cristo (At 2,36).

Esta certeza da vitória de Jesus Cristo sobre a morte recebe, no Novo Testamento, uma roupagem advinda da literatura apocalíptica. De diferentes modos e linguagens, Jesus é proclamado *Senhor* e seu *senhorio* se estende a todo o universo. Ele é *o Senhor da História na História*. Esta realidade escatológica deve tornar-se realidade histórica. Esta é a tensão escatológica definida pela teologia cristã com a expressão *já e ainda não*. A ressurreição atesta o *reinado de* Jesus no Cosmos (Fl 2,11; Rm 1,4): *"Quando os cristãos dão a Jesus o título "cristo", querem expressar que neste homem concreto, cujas origens humildes conhecemos, da aldeia de Nazaré, o filho do carpinteiro José, casado com Maria (Mt 1,18; Lc 1,27), se manifestou no grau supremo o mistério de Deus... Se o "cristo" tomou forma e consciência em Jesus, isso quer dizer que ele já existia antes no processo cosmogênico e antropogênico. Para expressar na linguagem de Pierre Teilhard de Chardin que meditou muito sobre isso, há um elemento" crístico" no universo. Ele possui um caráter objetivo, ligado a uma estruturação do próprio cosmos, independentemente de que o façamos de maneira consciente ou não. Este elemento crístico participa da evolução até brotar na consciência e ser interiorizado e assumido pelas pessoas de fé. Então o crístico passa a chamar-se cristológico"* (BOFF, 1999: 129-130).

A soberania do Ressuscitado em relação à história nos aponta também sua soberania em relação ao cosmos, o universo. O domínio do universo pode ser comparado com o domínio sobre a história? Diante do caráter incomensurável do cosmo com relação à estreiteza cronológica e espacial da história humana, *"é possível falar, sem ênfase retórica, do caráter central do Ressuscitado, proveniente de um vilarejo da Galileia milhões de anos após a suposta origem do universo? É razoável querer aplicar um sentido a esse devir cósmico com base num acontecimento que parece tocá-lo tanto menos quanto mais é indiferente ao destino humano? Por um desregramento cósmico, a humanidade, sem que ela seja responsável por isso, pode desaparecer como desapareceram os dinossauros. A popularidade deles, certamente, tem ligação com sua eliminação, figura antecipada da morte coletiva potencial da humanidade. O fim deles enfatiza a extrema precariedade de nosso lugar no universo"* (DUQUOC, 2008: 130).

Ao lado da possibilidade de eliminação do ser humano por um desregramento cósmico, há o fato de que o próprio ser humano pode se tornar o causador de sua eliminação por causa de seus crimes contra a natureza, como nos alertam os ecologistas: "*Os recursos não são infinitos e sua utilização anárquica produz efeitos danosos na pureza da água, do ar; causa, talvez, variações climáticas que correm o risco, a longo prazo, de deteriorar o* habitat *humano e a capacidade de produção agrícola. Os ecologistas insistem em acentuar que a exploração impensada da natureza com fins industriais, financeiros ou de consumo voraz prejudicará nossos descendentes: é preciso, pois, preservar a natureza para que ela ofereça a nossos sucessores ambiente agradável e produtos de qualidade. A responsabilidade dos seres humanos não se limita apenas ao presente: pelo fato da potência técnica atual, ela incide sobre o futuro*" (DUQUOC, 2008: 135; cf. *Laudato Si'*, 106-109, 139, 160). L. Boff alerta para a possibilidade do desaparecimento do ser humano sobre a Terra: "Desta vez, tudo indica que seu desaparecimento não se deve a um processo natural da evolução, mas a causas derivadas de sua prática irresponsável, destituída de cuidado e de sabedoria face ao conjunto do sistema da vida e do sistema-Gaia. Seria consequência da nova era geológica do **antropoceno** e mesmo no **necroceno**" (BOFF, 2020[71]).

Estas reflexões nos levam à pergunta: Deus manterá, com a presença do Espírito do Ressuscitado na história, a aliança com os seres humanos e com a própria Terra (cf. Gn 9,1-18) ou o ser humano poderá desaparecer da Terra por causa de sua irresponsabilidade histórica frente à criação de Deus? A soberania do ressuscitado, na certeza de que o Deus que liberta, que salva é o mesmo que criou o universo (cf. *Laudato Si'* 73), mesmo que esta eliminação pudesse acontecer, o Deus que "*pôde criar o universo a partir do nada, também pode intervir neste mundo e vencer qualquer forma de mal*" (*Laudato Si'*, 74).

Esta é a aposta na ressurreição de Jesus que confirma sua *pretensão* de se dar nele a antecipação do *escaton*: Ele é a figura do ser

---

71. http://www.ihu.unisinos.br/603292-e-possivel-o-fim-da-especie-humana

humano perfeito. Por isso, o Reinado de Jesus deve *informar* toda a vida política, mas não pode levar ao estabelecimento político do Reino de Cristo. Não se pleiteia nenhuma volta à Cristandade ou ao Estado cristão. Por isso, a Igreja ou as Igrejas devem estar a serviço do Reino para além das formas provisórias da vida presente, apontando sempre para a utopia do Reino, geradora de novas possibilidades na história. Pensar o impossível é condição de se experienciar o que é possível (cf. HINKELAMMERT, 1984: 29).

4.2 Cristologia-utopia: Como anunciar Jesus Cristo como o Senhor? Jesus Cristo, esperança dos pobres e excluídos

Pensar Jesus Cristo é pensar a possibilidade do ser humano, homem-mulher-pobre-excluído realizar-se plenamente. Na verdade, pensar Jesus Cristo é pensar a possibilidade do Reino implantar-se na história, como a *Nova Terra* (cf. Is 65,17-25; Ap. 21,1-3). Isto equivale a dizer que, em Jesus Ressuscitado, que nos aponta a perspectiva da *Parusia*, nós encontramos a verificação da promessa de que Deus não deixa seu *Santo* experimentar a corrupção e revela-nos a identidade entre a causa do homem-mulher-pobre-excluído e a causa de Deus. Em Jesus Ressuscitado se dá a identidade prática de Deus e do homem-mulher-pobre-excluído, manifestada de forma incoativa no homem Jesus, declarado o Filho de Deus (SCHILLEBEECKX, 1984: 29). Nele opera-se uma reviravolta, na medida em que Ele assume a causa do oprimido e aproxima-se dos deserdados, tornando-se a grande esperança dos que esperam contra toda esperança!

Perguntas

1) Usando as categorias *continuidade* e *descontinuidade*, como se articulam e quais as implicações para a compreensão da morte e ressurreição de Jesus, quando se afirma: "O crucificado é o ressuscitado"?

2) *"Os relatos do sepulcro vazio nem de fato, nem de direito são aduzidos como prova da ressurreição. Como conclusão objetiva temos, pois, o seguinte: é histórica e real a fé dos discípulos na ressurreição de Jesus e é histórico e real que para eles não resta dúvida que a essa fé subjetiva corresponde uma realidade objetiva acontecida ao mesmo Jesus"'* (SOBRINO, J. *A fé em Jesus Cristo: Ensaio a partir das vítimas.* Petrópolis: Vozes, 2000, p. 105). Quais as implicações para a fé e para a prática eclesial ao assumir esta afirmação?

3) Por que o evento da ressurreição de Jesus pode ser compreendido como uma "re-ação" de Deus ao sofrimento da vítima Jesus? Quais as consequências dessa afirmação para a prática eclesial hoje?

4) Quais as implicações para a prática eclesial ao se considerar que o *Nosso Senhor* não é qualquer um, mas aquele que se esvaziou de si mesmo (cf. Fl 2,6-11) – o crucificado?

5) *"Com Cristo começa a divinização da humanidade e, por meio dela, a divinização do cosmo, pois neste Cristo cósmico converge a humanização do universo com a humanização de Deus"* (MOLTMANN, J. *O caminho de Jesus Cristo: Cristologia em dimensões messiânicas.* Petrópolis: Vozes, 1993, p. 391). Quais as consequências desta afirmação para a questão que enfrentamos hoje em relação à preservação da natureza, da água, dos recursos naturais, levando-se em conta a *Laudato Si*'?

Capítulo 11
Cristologia popular

A profissão de fé é sempre um momento teórico de uma prática eclesial. Isto significa que subjacente a toda cristologia há uma eclesiologia e toda cristologia acaba proporcionando uma eclesiologia. Na América Latina e Caribe, as Comunidades Eclesiais de Base (CEBs) foram protagonistas de uma nova imagem de Jesus: O Jesus Cristo Libertador: *"Deus está presente e vivo, por Jesus Cristo Libertador, no coração da América Latina"* (*Mensagem aos Povos da América Latina*, 2º, 9). A partir da prática dos cristãos e cristãs, inseridos nas lutas de libertação econômica, política, cultural, pedagógica, psicológica, erótico-sexual, ecológica, uma nova imagem de Jesus foi sendo forjada. Com ela se pode refazer a reconstrução da imagem de Jesus mais em consonância com sua prática histórica, sobretudo, reinterpretando a morte de Jesus como consequência de sua vida voltada aos pobres e excluídos de seu tempo. Nesta perspectiva, compreende-se que a melhor pregação de Jesus é a constituição de comunidades coerentes e consequentes com sua prática histórica.

Nos diferentes modelos de Igreja, podemos notar que as imagens de Jesus podem ser sobrepostas ou podem estar em conflito umas com as outras. No catolicismo popular, notamos um certo vazio cristológico por causa da diluição da humanidade de Jesus, sobretudo no que se refere à sua prática histórica. Este vazio é preenchido pelas imagens dolorosas de Jesus. Nas comunidades eclesiais de base, notamos um esforço para se reconstruir uma imagem de Jesus mais articulada com a realidade histórica. Esta reconstrução, recebendo a grande ajuda da hermenêutica bíblica, é completada pela retomada do martírio de Jesus a partir dos e das mártires de hoje. Estabelece-se uma interação profícua que colabora na compreensão da tensão histórica vivida por Jesus e dos conflitos gerados, hoje, pelo compromisso histórico dos cristãos e cristãs. No movimento carismático, diante do anomia geral da sociedade de consumo, há uma valorização da subjetividade, criando uma imagem de Jesus que diz muito ao coração, mas cria-se uma dificuldade em se compreender a mensagem de Jesus como proposta coletiva e transformadora.

Diante desta realidade é que podemos compreender os desafios lançados à cristologia. Estes desafios apontam em duas direções: a primeira visa reconstruir uma imagem de Jesus que seja coerente com sua história e, ao mesmo tempo, que seja relevante no contexto de desigualdade social e pluralismo cultural e religioso em que vivemos hoje. A segunda, caminha na direção de um trabalho de educação de fé, que esteja baseado no testemunho e numa catequese testemunhal. A partir daí, cremos que será possível construir uma imagem significativa e operante de Jesus Cristo, que possa contribuir na construção de uma sociedade justa, igualitária, fraterna, solidária, respeitadora das diferenças e cuidadora da Terra, nossa Casa Comum.

1 Algumas características da cristologia popular a partir da experiência eclesial das CEBs na América Latina

1.1 Valorização da prática histórica de Jesus de Nazaré

Como as primeiras comunidades cristãs, há um esforço de se apresentar o caminho de Jesus, sua prática histórica (dimensão histórica) para uma compreensão de sua vida (encarnação), seu projeto, sua pessoa (ser) e da revelação que ele nos faz de

Deus. O caminho é, pois, da prática histórica de Jesus ao ser de Jesus e do ser de Jesus ao ser de Deus, como comunhão de pessoas (dimensão trinitária). Este esforço procura retomar o frescor do Evangelho: "*Sempre procuramos voltar à fonte e recuperar o frescor original do Evangelho, despontam novas estradas, métodos criativos, outras formas de expressão, sinais mais eloquentes, palavravas cheias de renovado significado para o mundo atual*" (*Evangelli Gaudium*, 11).

1.2 A inserção de Jesus, na realidade dos movimentos populares da Palestina de seu tempo

Jesus é apresentado como:

a) Uma pessoa inserida a partir da luta dos pobres, dos pequenos de seu tempo. Esta inserção nos possibilita compreender sua perseguição pelas autoridades religiosas e políticas da Palestina do I século.

b) Como aquele que anuncia o projeto do Reino de Deus articulado com as lutas sociais da época, indicando que seu caminho se opunha ao projeto idolátrico do Império e, consequentemente, nos ajuda a compreender sua morte na cruz.

1.3 A morte de Jesus é compreendida como consequência de sua prática

A morte de Jesus é motivada por conflitos econômicos, sociais, políticos, culturais (religiosos) de seu tempo. Assumindo a perspectiva de vida a partir dos marginalizados da Palestina do I século, ela se torna:

a) Uma crítica à Lei.

b) Uma crítica à Religião (sistema de pureza).

c) Uma crítica ao Templo e ao Messianismo.

1.4 A ressurreição de Jesus é vista como ratificação de sua vida, sua ação, sua mensagem, sua morte por Deus Pai (cf. At 2,36)

Por isso ela é vista como:

a) A reabilitação do profeta (martírio do justo).

b) Uma morte por nós (solidariedade).

c) Uma morte que faz o relançamento da proposta de Jesus, indicando seu seguimento no Espírito como condição indispensável para que o Reino de Deus se torne presente no mundo (cf. *Evangelii Gaudium*, 176).

1.5 Retomada da prática histórica de Jesus pelas Comunidades Eclesiais de Base (CEBs): Dimensão eclesial

a) A melhor pregação sobre Jesus é a fundação e criação de comunidades cristãs conscientes e responsáveis da sua fé, nas quais e pelas quais possa ser evocada e atualizada, em todas as dimensões, a figura significativa e operante de Jesus Cristo. A mediação da comunidade eclesial é fundamental para o acesso a Jesus Cristo: "*A presença da comunidade (com todo o seu contexto histórico) é parte integrante da própria cristologia. Cristologia e eclesiologia são inseparáveis porque toda confissão cristológica (como o "símbolo da fé") é um momento teórico do agir eclesial. Separar estes dois elementos, desvincular a cristologia do contexto concreto da comunidade, é fazer dela uma "teoria". É na medida em que o evento histórico Jesus Cristo é evocado e atualizado como palavra dita numa comunidade que se desvela as suas dimensões e interpreta a existência histórica da comunidade*" (PALACIO: 191).

b) A partir da vivência de Jesus Cristo pelos índios, negros, mulheres, crianças, trabalhadores, migrantes, sem-terra, possibilita-se a recriação das imagens de Jesus (CF. RICHARD,

2002/1: 43-50), suscitadas pelo Espírito, no interior da história.

1.6 Descoberta de que a cruz real é o pobre

Jesus morre no pobre (índio, negro, mulher, criança, migrante... (cf. Mt 25,40). Daí pode-se compreender:

a) O lugar teológico de onde tudo brota: A cruz de Cristo acontecendo na história latino-americana e caribenha na morte do pobre: "*Da simples constatação que nesse continente a pobreza constitui uma realidade escandalosa e generalizada, a Igreja chegou à consciência de que esta pobreza significa, no fim das contas, morte. Uma situação, além do mais, de morte dramática, que se manifesta através de uma tríplice configuração: é morte física, provocada pela escassa atenção aos elementos essenciais da vida; é morte violenta, utilizada como forma de repressão contra qualquer iniciativa visando a defesa dos direitos negados do oprimido; é enfim, morte cultural, como parte de uma estratégia que tem por escopo destruir tudo aquilo que possa ter qualquer referência à identidade do povo*" (TAVARES, 2002: 220).

b) Vida e Espírito que provêm da cruz assumidos no amor e na luta pela Justiça do Reino de Deus: "*Este Espírito remete ao Jesus concreto, mas não fecha a nenhum espírito de Deus, presente em outras religiões e culturas. Mesmo historicamente, pode-se comprovar um universalismo específico do espírito de Jesus. Gandhi tornou as bem-aventuranças centrais em sua práxis. Hoje, quando o cristianismo deve abrir-se a todos e cooperar com todos os que querem construir verdade, justiça e paz, o espírito das bem-aventuranças – de novo, as pregadas e vividas por Jesus – podem ser o meio e trampolim concreto a partir do qual nos abrimos para o Espírito de Deus infinito, que sopra onde quer*" (SOBRINO, 2008: 139).

1.7 Jesus é visto como alguém bem próximo do sofrimento dos pobres

Por causa de sua sensibilidade histórica (Mt 9,35-36) e sua solidariedade para com os excluídos:

a) Jesus é apresentado como humano (*Gaudium et Spes*, 22) e solidário. Jesus se identifica com os últimos: "*Os que não têm mais ninguém que os defenda têm a Deus como Pai. Se o Reino de Deus é acolhido, se sua compaixão penetra no mundo, tudo mudará para a sorte dos últimos. Esta foi a fé de Jesus, sua paixão e sua luta*" (PAGOLA, 2019: 66).

b) Jesus sofre com os pobres e excluídos: "*A primeira preocupação de Jesus é o sofrimento das pessoas mais doentes e deterioradas das aldeias. Os evangelhos o apresentam não procurando pecadores para chamá-los à penitência e convidá-los a andar até o Jordão para purificar-se de seus pecados ou subir a Jerusalém para oferecer sacrifícios de expiação. Observamos Jesus aproximar-se dos enfermos, inválidos, paralíticos... para aliviar o sofrimento de quem se encontra destruído pelo mal e excluído de uma vida saudável*" (PAGOLA, 2019: 68).

2 Cristologia e modelos eclesiais

Como não há conhecimento sem interesse, também não há cristo-logia sem uma certa cristo-praxia. Neste sentido, é que aceitamos a profissão de fé cristológica como um momento teórico de uma prática (vivência) eclesial (cf. PALÁCIO, 1977: 190). Quando nos fazemos a pergunta – "Quem é Jesus para nós?" – estamos em busca de sua identidade. A pergunta – "Quem dizeis que eu sou?" – continua pertinente hoje frente ao pluralismo cultural e religioso num mundo economicamente globalizado[72].

---

72. Cf. VV.AA. *"Quem dizeis que Eu sou?"* Em *Concilium*, 269 (1997-1), pp. 07-09.

Queremos, a título de exemplificação, observar as diferentes facetas da vivência de Jesus de Nazaré por parte de seus seguidores nos diferentes modelos eclesiais:

2.1 Cristologia e catolicismo popular

a) Cristologia sem história de Jesus de Nazaré, causando uma *diluição da humanidade de Jesus* (cf. PALÁCIO, 1977: 191-192) e com a consequente manipulação das imagens de Jesus pelas classes dominantes.

b) Há, nesta experiência do catolicismo popular, um *vazio cristológico* que se busca preencher pelas devoções ligadas às *imagens dolorosas de Jesus*, presentes na piedade popular e único elo mantido entre elas e Jesus.

c) Como consequência, temos um *"Jesus despedaçado"*, reduzindo sua vida em "pedaços" de seu corpo que se transformam em motivo de devoção: Devoção às chagas dos pés de Jesus; devoção ao Coração de Jesus; devoção à Sagrada Face. Neste sentido, corre-se o risco de um esvaziamento da densidade humana de Jesus de Nazaré.

2.2 Cristologia e CEBs

a) A experiência eclesial das CEBs revela a importância do compromisso político dos cristãos/ e cristãs como exigência de fidelidade à própria fé. Notamos aí novas questões à fé provenientes do compromisso com a defesa da vida:

b) Novo modo de viver a fé, com uma nova prática.

c) Novo modo de transmitir a fé, com uma nova forma de ler a Bíblia, transmitir a catequese e fazer teologia.

d) Novo modo de celebrar a fé, com uma liturgia preocupada com a ligação fé-vida, levando a sério a inculturação da liturgia (cf. GUTIÉRREZ, 1981: 245; cf. tb. *Evangelii Gaudium*, 115-118).

e) Notamos também um *vazio cristológico*, pois *o Jesus da Cristandade* já não mais proporciona a mística necessária ao engajamento sociopolítico.

f) Nas CEBs, encontramos um esforço de reconstrução do Jesus Histórico, através de comunidades consequentes com a prática de Jesus. Retoma-se a tensão histórica presente na própria vida de Jesus e agora presente no compromisso de seus seguidores e seguidoras.

2.3 Cristologia e Movimento Carismático

a) A importância desta experiência liga-se à dinâmica da modernidade e pós-modernidade que determinam hoje a vida de muitas pessoas.

b) Nota-se, nesta vivência, um Cristo voltado para o *coração*, visando a intimidade e a subjetividade. Isso leva a um reforço de relacionamento pessoal e, normalmente, a uma fuga das questões ligadas à luta pela transformação social.

c) Há aí um perigo de se cair no intimismo e no subjetivismo ao se perder ou não dar valor às questões ligadas ao coletivo e ao comunitário. Com isso, podemos estar a um passo do rompimento da cristologia comunitária, sugerindo uma *cristologia solta*, sem vínculos com a comunidade.

d) Esta experiência de vivência de Jesus Cristo está ligada à busca de uma *Nova Ordem* dentro de uma anomia geral do sem sentido da sociedade do consumo e criadora de excluídos.

2.4 Desafios para a cristologia

2.4.1 Reformulação da compreensão da pessoa humana e histórica de Jesus de Nazaré, o Filho de Deus encarnado (cf. *Gaudium et Spes*, 22).

a) Partindo da história de Jesus de Nazaré, anunciador da utopia do Reino, chega-se a um novo significado de sua pessoa para os seres humanos e para a sociedade do nosso tempo. Na medida em que o cristianismo se reporta a Jesus de Nazaré, levando a sério sua encarnação tal como a *Gaudium et Spes, 22* no-la apresenta ao afirmar que "*Jesus trabalhou com mãos humanas, pensou com inteligência humana, agiu com vontade humana e amou com coração humano*", indica que a realização do ser humano se efetua no agir histórico e que é no seu interior que os seres humanos se encontram com Deus, se realizam e se aproximam dele.

b) Esta reformulação passa pela relação íntima entre a pluralidade de cristologias e o pluralismo religioso e cultural. A partir desta relação, podemos apontar para possíveis encontros entre as diferentes experiências e vivências de Jesus Cristo vividas por seus seguidores/as nestes diferentes contextos culturais. Isto nos leva à vivência do diálogo ecumênico e inter-religioso em novas bases. As cristologias têm como missão explicitar a fé cristã que impulsiona historicamente o cristianismo em meio às contingencias humanas, articulando a história de Jesus com a realidade das comunidades concretas com seus diferentes contextos sócio-históricos e culturais: "*Aquilo que Jesus é para nós hoje não é decidido por focalizar a nossa atenção exclusivamente ou no contexto social apenas ou só na Bíblia, mas por ver ambos numa relação dialética. A verdadeira interpretação de um depende de vê-lo à luz do outro. Devemos dizer inequivocamente que aquilo que Jesus*

Cristo é para o povo negro hoje é encontrado através de um encontro com ele no contexto social da existência negra. Mas tão logo aquela indicação seja feita, o outro lado desse paradoxo deve ser afirmado: do contrário, a verdade da experiência negra é distorcida. A relação dialética entre a experiencia negra e as Escrituras é o ponto de partida da cristologia da Teologia Negra" (CONE, 1985: 125).

2.4.2 Trabalho de educação na fé

a) A educação da fé passa pela ligação entre fé e vida, articulando a práxis com a teoria (logia), o testemunho com o símbolo.

b) Retoma-se uma catequese testemonial, insistindo-se sempre mais na categoria martírio-testemunho (cf. *Tertio Millennio Adveniente*, 37).

c) Compreende-se a presença do Reino como *acontecimento* que produz reviravolta, inversão e que proporciona vida, justiça, partilha, solidariedade, misericórdia (cf. Mt 25,31-46; Lc 6,20-26; 16,19-31; 1,46-56).

2.4.3 Compreender a história humana de Jesus como a mais pura revelação do Pai (cf. Jo 14,5-9) e a mais pura afirmação do humano como graça e como tarefa ("Tão humano assim só pode ser Deus" (BOFF, 1979: 193-196)

a) Deus se revela concretamente na história de Jesus de Nazaré. Identificando-se com os pobres (Mt 25,40), Jesus retoma a tradição do Antigo Testamento que afirma o conhecimento de Deus na defesa do pobre (Jr 22,16; Pr 14,31).

b) A realização do ser humano não se faz fugindo da história, mas é no seu interior que ele se aproxima da plena humanização: *"Deus se revelou em Jesus, conforme a concepção cristã, valendo-se do não divino do seu ser-homem... Jesus partilhou conosco na cruz da fragilidade de nosso mundo. Mas este fato significa que em sua absoluta liberdade e antes de todo tempo, Deus determina quem e como quer ser no seu ser mais profundo, a saber, um Deus dos homens, companheiro de aliança em nosso sofrer e em nossa absurdidade, e companheiro de aliança também no que realizamos de bem. Ele é em seu próprio ser um Deus por nós"* (SCHILLEBEECKX, 1994: 166, 168).

c) Jesus é a revelação de Deus porque nele Deus se encarnou: *"Se a finalidade do cristianismo não pode ser outra senão a finalidade de Jesus (sua razão e sua missão), disso decorre que, da mesma maneira que Jesus é a humanização de Deus, o cristianismo, que prolonga na história a presença de Jesus,* não tem outra finalidade e outra razão de ser que tornar presente e operante o processo de humanização que se iniciou na encarnação. *Portanto, o cristianismo e as instituições em que ele se realiza historicamente não têm a finalidade de* santificar *os fiéis, mas de* humanizar *as pessoas, os seres humanos em geral"* (CASTILLO, 2015: 522).

2.4.4 Tarefa básica

a) A tarefa básica que o cristianismo deve realizar é a criação de comunidades cristãs conscientes e responsáveis de sua fé, nas quais e pelas quais possa ser evocada e atualizada, em todas as suas dimensões, *a figura significativa e operante de Jesus Cristo* (PALÁCIO, 1977: 197).

b) É por meio das comunidades que Jesus Cristo se torna presente e se multiplica pelo mundo inteiro. Com seu agir, as comunidades dão a contribuição cristã ao processo de libertação (COMBLIN, 1985: 17). Formar comunidades é a razão de ser do cristianismo. As comunidades são, pela força e dinâmica do Espírito, a continuação do próprio Jesus Cristo. São sua presença no mundo pelo seu agir. Esta é a advertência presente na afirmação do evangelista João: *"Se vocês tiverem amor uns para com os outros*" (Jo 13,35a). Aliás, a mesma presente em Mt 25,31-46: "*Eu estava com fome e vocês me deram de comer...*". Desta forma, a melhor forma de pregar Jesus Cristo é a constituição de comunidades que fazem presente sua prática libertadora. Esta é a melhor contribuição que os cristãos e cristãs podem dar ao mundo. Se a palavra anunciada é importante, com muito mais certeza a vivência é fundamental para que o testemunho seja aceito. Certamente o mundo nos olharia de forma diferente, se houvesse maior empenho da parte da Igreja na realização da vontade de Deus expressa na vida de Jesus de Nazaré. Sua proposta é muito explícita: "*Eu vim para que tenham vida e vida em abundância*" (Jo 10,10).

Empenhar-se na construção de uma sociedade na qual todos possam ter acesso aos bens da vida faz parte da comunidade dos seguidores e seguidoras de Jesus Cristo. O seu agir recebe o nome de "evangelização". Evangelizar significa anunciar as boas notícias. "*Evangelizar é tornar o Reino de Deus presente no mundo*" (*Evangelii Gaudium*, 176). Hoje, os cristãos e cristãs devem se empenhar no anúncio da "Boa Notícia": terra para quem nela quer trabalhar, terra para quem precisa de casa para morar, emprego para os desempregados/as, resgate da dignidade humana e da cidadania, cuidado com a nossa Casa Comum. As comunidades seguidoras de Jesus Cristo devem dar sentido para a vida das pessoas, abrindo-as para a vivência da justiça, da partilha, da fraternidade, da solidariedade, da convivência de irmãos e irmãs (cf. *Fratelli Tutti,* 176-190)

Neste sentido, a fé cristã deve realizar todo o seu significado: aceitar Jesus Cristo como salvador e libertador, e assumir seu Evangelho como Boa Notícia para os oprimidos e excluídos (cf. Lc 4,16-21; Mt 11,2-6; Lc 7,18-23). Aí está o verdadeiro sentido do seguimento. Hoje, em muitos meios cristãos, quer católicos, quer evangélicos, fala-se muito que "se aceitou Jesus". Porém, a prática e o seguimento de Jesus não são assumidos. Podemos até reunir muita gente, celebrar bonito, entronizar a Bíblia com toda pompa, mas ainda estamos longe da vivência do Evangelho de Jesus Cristo. Neste sentido, a constituição de *comunidades adultas*, quer significar comunidades que sejam coerentes com a prática histórica de Jesus de Nazaré. E ser coerente como Jesus de Nazaré requer a vivência da fé cristã em todas as dimensões da vida, como afirma o *Documento de Medellín (1968)*, na *Introdução às conclusões* (1968): *"Assim como Israel, o antigo Povo, sentia a presença salvífica de Deus quando da libertação do Egito, da passagem pelo Mar Vermelho e conquista da Terra Prometida, assim também nós, o Novo Povo de Deus, não podemos deixar de sentir seu passo que salva quando se dá "o verdadeiro desenvolvimento, que é, para todos e cada um, a passagem de condições menos humanas a condições mais humanas"* (n. 6). A partir desta afirmação, o texto fala das carências materiais, das carências morais, das estruturas opressivas e aponta para a superação da miséria, pela afirmação da dignidade da pessoa humana, do reconhecimento dos valores supremos, dos quais Deus é a origem e termo (cf. Medellín, *1. Justiça; 2. Paz*).

Desta forma, as comunidades dos seguidores e seguidoras de Jesus Cristo, para se tornarem presença viva de Jesus no mundo, devem agir como Ele agiu. O seguimento de Jesus em todas as dimensões que a fé cristã implica, requer o engajamento dos cristãos e cristãs em todas as batalhas que geram vida e que apontam para uma convivência fraternal e sororal entre homens e mulheres, filhos e filhas do mesmo Pai-Mãe, que Jesus de Nazaré nos revelou. Não podemos anunciar o Evangelho pela metade. A fé, como nos afirma São Tiago, deve desembocar em práticas agápicas, amorosas, pois a fé sem obras é morta (Tg 2,117). São Paulo selou esta compreensão da vivência da fé no grande hino de 1Cor 13: *"Ainda que..."*! Sem o amor não haverá seguimento de Jesus Cristo, pois *"a religião pura e sem mancha diante de Deus, nosso Pai, é esta: socorrer os órfãos e as viúvas em aflição, e manter-se livre da corrupção do mundo"* (Tg 1,27).

Perguntas

1) O modo de ser de Jesus causou impacto devido a sua *parcialidade* na proclamação do Reino de Deus aos pobres. Avalie a prática eclesial de sua comunidade a partir da parcialidade de Jesus.

2) Os evangelhos baseiam-se na categoria do *encontro* para tratar da ressurreição de Jesus. Considerando o relato das aparições e do texto de Mt 25,31-46:

    a) Qual a importância em assumir essa categoria no contexto latino-americano?

    b) Que modelo eclesial poderia ser construído a partir desses textos? E se se omitisse o texto de Mt 25,31-46?

3) Considere as músicas *Seu nome é Jesus Cristo* e *Nosso general* que são muito difundidas em várias comunidades cristãs do Brasil e se encontram no mesmo livro de cantos (Louvemos o Senhor – 2001).

Questões

a) Quais são as imagens cristológicas subjacentes às letras dos cantos?

b) Quais os aspectos bíblicos/teológicos que estão em oposição?

c) Que tipo de eclesiologia está vinculada nos cantos?

4) Quais as consequências práticas em considerar a esperança como algo necessário para a compreensão da ressurreição de Jesus?

5) Como trabalhar uma catequese testimonial e que busque, de fato, retomar o projeto do Reino de Deus? E como a partir da catequese reconstruir uma imagem de Jesus mais de acordo com sua prática histórica?

Referências

ATHANASE D'ALEXANDRIE. *Contre les Païens et Sur l'Incarnation du Verbe.* Paris: Sources Chrétiennes, 1946.

AZZI, R. *"A Teologia no Brasil. Considerações históricas"*, em *História da Teologia na América Latina.* São Paulo: Paulinas, 1981, pp. 21-43.

AZZI, R. *"Do Bom Jesus Sofredor ao Cristo Libertador: Um aspecto da evolução da teologia e espiritualidade católica no Brasil"*, em *Persp. Teol.*, 18 (1986), pp. 215-233 e *Persp. Teol.*, 18 (1986), pp. 343-358.

BARBAGLIO, G. *"O Reino de Deus e Jesus de Nazaré"*, mimeografado, p. 05, extraído de V.V.A.A., *Conoscenza storica di Gesú.* Brescia: Paideia Editrice, 1978, pp. 103-119.

BAVEL, T. Van. *O significado de Calcedônia ontem e hoje.* Em *Concilium*, 173, 1983/3, pp. 79-88.

BETTENSON, H. *Documentos da Igreja Cristã.* São Paulo: ASTE, 1967.

BOFF, Cl. *"CEBs: A que ponto estão e para onde vão".* Em *As comunidades de base em questão.* São Paulo: Paulinas, 1997, pp. 251-305.

BOFF, L. *Jesus Cristo Libertador: Ensaio de cristologia crítica para nosso tempo.* 7ª. ed. Petrópolis: Vozes, 1979.

BOFF, L. *Paixão de Cristo – Paixão do mundo. O fato, as interpretações e o significado ontem e hoje.* Petrópolis: Vozes, 1977.

BOFF, L. *A trindade, a sociedade e a libertação.* Petrópolis: Vozes, 1986.

BOFF, L. A trindade e a sociedade. 3. ed. Petrópolis: Vozes, 1987.

BOFF, L. *El Cristo Cósmico: La superación del Antropocentrismo.* Em *Numen*, V. 2, n. 1 (jan-jun/1999).

BOFF, L. *"Contribuição da eclesiogênese brasileira à Igreja universal".* Em *Concilium*, 296 (2002/3), pp. 80-85.

BÖSEN, W. *Ressuscitado segundo as Escrituras: Fundamentos bíblicos da fé pascal*. São Paulo: Paulinas, 2015.

CARRANZA, B. *"Fogos de pentecostalismo no Brasil contemporâneo"*. Em *Concilium*, 296 (2002/3), pp. 94-103.

Carta dos Superiores Provinciais da Companhia de Jesus da América Latina. Documento de Trabalho. São Paulo: Loyola, 1996.

CASTILLO, J.M. *Jesus: A humanização de Deus. Ensaio de Cristologia*. Petrópolis: Vozes, 2015.

CASTILLO, J.M. *A humanidade de Jesus*. Petrópolis: Vozes, 2017.

CATÃO, B. *Salut et Rédemption chez S. Thomás D'Aquin*. Paris: Aubier, 1965.

CATECISMO DA IGREJA CATÓLICA. Petrópolis/São Paulo: Vozes/Paulinas/Loyola/Ave Maria, 1993.

CNBB. *Caminhamos na estrada de Jesus*. São Paulo: Paulinas, 1996.

COMBLIN, J. *O tempo da ação*. Petrópolis: Vozes, 1982.

COMBLIN, J. *Antropologia cristã*. Tomo I, Série III: *A libertação na história*. Petrópolis: Vozes, 1985.

CONE, J.H. *O Deus dos oprimidos*. São Paulo: Paulinas, 1985.

CROATTO, J.S. *"Apocalíptica e esperança dos oprimidos (contexto sociopolítico e cultural do gênero apocalíptico)"*, em *RIBLA*, 7 (1990/3), pp. 08-21.

DENZINGER, H. *Enchiridion Symbolorum: Definitionum et Declarationum de Rebus Fidei et Morum*. 30. ed. Barcelona: Herder, 1955.

DENZINGER, E. *El magistério de la Iglesia: Manual de los símbolos, definiciones y declaraciones de la Iglesia en materia de fe y costumbres*. Barcelona: Herder, 1963.

DOYON, J. *Cristologia para o nosso tempo*. São Paulo: Paulinas, 1970.

DUPUIS, J. *Introdução à cristologia*. São Paulo: Loyola, 1999.

DUQUOC, Ch. *O único Cristo: A sinfonia adiada*. São Paulo: Paulinas, 2008.

ECHEGARAY, H. *A prática de Jesus*. 4ª ed. Petrópolis: Vozes, 1991.

ELLUL, J. *Apocalipse: Arquitetura em movimento*. São Paulo: Paulinas, 1980.

FERRARO, B. *A significação política e teológica da morte de Jesus à luz do Novo Testamento*. Petrópolis: Vozes, 1977.

FERRARO, B. *Cristologia em tempos de ídolos e sacrifícios*, 2. ed. São Paulo: Paulinas, 1993.

FERRARO, B. *"Significado político-teológico da morte de Jesus"*. Em Vida Pastoral, 186, 1994, pp. 13-18: https://www.vidapastoral.com.br/autor/b/benedito-ferraro/significado-politico-teologico-da-morte-de-jesus/ Acesso em 28/10/2020.

FERRARO, B. *Encarnação: Questão de gênero?* São Paulo: Paulus, 2004.

FRANGIOTTI, R. *História das heresias: Conflitos ideológicos dentro do cristianismo*. São Paulo: Paulus,1995, pp. 75-98.

GALLARDO, C.B. *Jesus, homem em conflito: O relato de Marcos na América Latina*. São Paulo: Paulinas, 1997.

GARCÍA RUBIO, A. *O encontro com Jesus Cristo Vivo: Um ensaio de cristologia para nossos dias*. São Paulo: Paulinas, 2012.

GEBARA,I. *"Cristologia Fundamental"*, em REB,190 (junho/1988), pp. 259-262.

GEBARA, I. *Rompendo o silêncio: Uma fenomenologia feminista do mal*. Petrópolis: Vozes, 2000.

GIRARD, R. *O bode expiatório*. São Paulo: Paulus, 2004.

GNUSSE, R. *Não Roubarás. Comunidade e Propriedade na Tradição Bíblica*. São Paulo: Loyola, 1986, pp. 52-77.

GONZÁLEZ BUTRON, M.A. *"Desde el Mundo de las Excluidas para un Mundo donde quepan todos e todas. Por la Visibilización de las Invisibles"*. Em PASOS, 70 (marzo/abril/1997).

GUEVARA, H. *Ambiente político del Pueblo Judío en tiempo de Jesús*. Madrid: Cristiandad, 1985.

GUTIÉRREZ, G. *A força histórica dos pobres*. Petrópolis: Vozes, 1981.

GUTIÉRREZ, G. *"Pobres y opción fundamental"*, in *Mysterium Liberationis: Conceptos fundamentales de la teología de la liberación*. Tomo I. San Salvador: UCA Editores, 1991.

GUTIÉRREZ, G. *Em busca dos Pobres de Jesus Cristo: O Pensamento de Bartolomeu de Las Casas*. São Paulo: Paulus, 1995.

HAIGHT, R. *Jesus, símbolo de Deus*. São Paulo: Paulinas, 2003.

HECK, S. *Quando a utopia é urgência*. https://luizmuller.com/2017/09/22/quando-a-utopia-e-urgencia-por-selvino-heck/ Acesso em 06/11/2020.

HICK, J. *A metáfora do Deus encarnado*. Petrópolis: Vozes, 2000.

HINKELAMMERT, F. *Crítica a la razón utópica*. San José: DEI, 1984.

HINKELAMMERT, F. "*O Cativeiro da Utopia. As Utopias conservadores do Capitalismo atual, o Neoliberalismo e o espaço para Alternativas*", em *REB*, 216 (dez/1994).

HINKELAMMERT, F. *Sacrifícios humanos e sociedade ocidental: Lúcifer e a Besta*. São Paulo: Paulus, 1995.

HINKELAMMERT, F. "*A economia no atual processo de globalização e os direitos humanos*". Em *RIBLA,* 30 (1998/2), pp. 09-17.

HORSLEY, R.A. & HANSON, J.S. *Bandidos, profetas e messias. Movimentos populares no tempo de Jesus*. São Paulo: Paulus, 1995.

HORSLEY, R.A. *Jesus e o império: O Reino de Deus e a nova desordem mundial*. São Paulo: Paulus, 2004.

HOUTART, F. *Religião e modos de produção pré-capitalistas*. São Paulo: Paulinas, 1982.

JEREMIAS, J. *Teologia do Novo Testamento, 1a. Parte. A Pregação de Jesus*. São Paulo: Paulinas, 1977.

JOHNSON, E.A. *Aquela que é: O mistério de Deus no trabalho teológico feminino*. Petrópolis: Vozes, 1995.

JOSEFO, F. *Las Guerras de los Judíos*. Tomo I. Barcelona: Libros CLIE, 1988.

KÄSEMANN, E. "*Problèmes Néotestamentaires actuels*", em *Essais Exégétiques*. Neuchâtel: Delachaux et Niestlé, 1972.

KIPPENBERG, H.G. *Religião e formação de classes na Antiga Judeia*. São Paulo: Paulinas, 1988, pp. 59-64

KÜNG, H. *Le christianisme: ce qu'il est et ce qu'il est devenu dans l'histoire*. Paris: Seuil, 1999.

LAS CASAS, B. *O paraíso perdido: Brevíssima relação da destruição das Índias*. Porto Alegre: LPM, 1985.

MADURO, O. *Religião e luta de classes. Quadro teórico para análise de suas inter-relações na América Latina*. Petrópolis: Vozes, 1981.

MALDAMÉ, J.M. *Cristo para o universo: Fé cristã e cosmologia moderna*. São Paulo: Paulinas, 2005.

MARASCHIN, J. *O espelho e a transparência: O Credo niceno-constantinopolitano e a teologia latino-americana*. Rio de Janeiro: CEDI, 1989.

MENDOZA-ÁLVAREZ, C. *"Decolonialidad como práxis desde las víctimas y sus resistencias"*, em CESAR KUSMA & CARNEIRO DE ANDRADE, P.F. (Orgs.). *Decolonialidade e práticas emancipatórias: Novas perspectivas para a área de Ciências da Religião e Teologia*. São Paulo: Paulinas, pp. 13-28.

MESTERS, C. *"Interpretação da Bíblia em algumas Comunidades Eclesiais de Base no Brasil"*, em *Concilium*, 158 (1980/8), p. 51ss.

MESTERS, C., *"Os Profetas João e Jesus e os outros Líderes Populares daquela Época"*, em *RIBLA, 1* (1988/1), p. 72-80.

MESTERS, C. & OROFINO, F. *"As primeiras comunidades cristãs dentro da conjuntura da época: As etapas da história, do ano 30 ao 70"*. Em *RIBLA*, 22 (1995/3), pp. 34-44.

MESTERS, C. *Com Jesus na contramão*. 5ª ed. São Paulo: Paulinas, 1995.

METZ, J.B. *A fé em história e sociedade*. São Paulo: Paulinas,1981.

MÍGUEZ, N.O. *"Contexto Sociocultural da Palestina"*. Em *RIBLA, 22* (1995/3).

MOLTMANN, J. *O caminho de Jesus Cristo: Cristologia em dimensões messiânicas*. Petrópolis: Vozes, 1993.

MOLTMANN, J. *O Deus Crucificado: A cruz de Cristo como base e crítica da teologia cristã*. Santo André-SP: Academia Cristã, 2014.

MOREIRA, A. *"A memória perigosa de Jesus Cristo numa sociedade pós-tradicional"*, em *Concilium*, 282, (1999/4), pp. 48-58.

NEUTZLING, I. *O Reino de Deus e os pobres*. São Paulo: Loyola, 1986.

ONIMUS, J. *Jésus en direct.* Paris: Desclée de Brower, 1999.

PAGOLA, J.A. *Jesus: Aproximação histórica.* Petrópolis: Vozes, 2010.

PAGOLA, J.A. *Recuperar o projeto de Jesus.* Petrópolis: Vozes, 2019.

PALACIO, C. *"Significado de Cristo na Religião do Povo"*, em *Religião e Catolicismo do Povo.* Curitiba: Studium Theologicum, 1977, pp. 177-203.

PANNENBERG, W. *Esquisse d'une Christologie.* Paris: Cerf, 1971.

PAPA JOÃO PAULO II. *Centesimus Annus.* São Paulo: Paulinas, 1991.

PAPA JOÃO PAULO II. *Ecclesia in America – Exortação Apostólica Pós--sinodal.* São Paulo: Paulus, 1999.

PAPA FRANCISCO. *Laudato Si': Sobre o cuidado da casa comum.* São Paulo: Paulus/Loyola, 2015.

PAPA FRANCISCO. *Fratelli Tutti: Sobre a fraternidade e a amizade social.* São Paulo: Paulus, 2020.

PERRONE, L. *"De Niceia (325) a Calcedônia (451) – Os quatro primeiros concílios ecumênicos: instituições, processos de recepção"*, em ALBERIGO, G. (ORG.). *História dos concílios ecumênicos.* São Paulo: Paulus, 1995, pp. 11-45.

PIXLEY, G.V. *O Reino de Deus.* São Paulo: Paulinas, 1986.

PIXLEY, J. *"As perseguições: O conflito de alguns cristãos com o Império".* Em *RIBLA,* 7 (1990/3), pp. 76-88.

PORTELLI, H. *Gramsci e a questão religiosa.* São Paulo: Paulinas,1982.

QUESNEL, M. (Org.). *Evangelho e Reino de Deus. Cadernos Bíblicos – 69.* São Paulo: Paulus,1997.

RIBEIRO DE OLIVEIRA, P.A. *"O catolicismo: Das CEBs à renovação carismática".* Em *REB*, 236 (dezembro-1999), pp. 823-835.

RICHARD, P. *"O fundamento material da espiritualidade (Rm 8,1-17 e 1Cor 15,35-58)".* Em *REB*, 179 (set/1985).

RICHARD, P. *"Apocalíptica: Esperança dos pobres"*, em RIBLA, 7 (1990/3), pp. 5-7.

RICHARD, P., *"O Povo de Deus contra o Império: Daniel 7 em seu contexto literário e histórico"*, em *RIBLA,* 7 (1990/3), pp. 22-40.

RICHARD, P. *Apocalipse: Reconstrução da esperança*. Petrópolis: Vozes, 1996.

RICHARD, P. *"Os diferentes rostos de Jesus nos Evangelhos Sinóticos"*, em *Concilium*, 294 (2002/1), pp. 43-50.

ROCHA, M. Frei. *Quem é este homem?* Província Frei Bartolomeu de Las Casas. Goiânia-Goiás, 2018.

ROWLEY, H.H. *A importância da literatura apocalíptica. Um estudo da literatura apocalíptica judaica e cristã de Daniel ao apocalipse*. São Paulo: Paulinas, 1980.

SANTA TERESA D'ÁVILA. *Livro da Vida*. São Paulo : Penguin – Companhia das Letras, 2010.

SANTO ANSELMO. *Cur Deus Homo – Por que Deus se fez homem?* São Paulo: Novo Século, 2003.

SANTO ATANÁSIO. *A encarnação do Verbo*. Patrística. São Paulo: Paulus, 2002, pp. 117-201.

SCHILLEBEECKX, E. *História humana revelação divina*. São Paulo: Paulus, 1994.

SCHILLEBEECKX, E. *Jesus: A história de um vivente*. São Paulo: Paulus, 2008.

SCHÜSSLER FIORENZA, E. *Cristología feminista crítica: Jesús, hijo de Miriam, profeta de la Sabedoría*. Madri: Trotta, 2000.

SEGUNDO, J.L. *"Capitalismo – Socialismo, crux theologica"*, em *Concilium*, 96 (1976).

SEGUNDO, J.L. *Libertação da Teologia*. São Paulo: Loyola, 1978.

SEGUNDO, J.L. *O Homem de hoje diante de Jesus de Nazaré*,II/I. São Paulo: Paulinas, 1985.

SEGUNDO, J.L. *O homem de hoje diante de Jesus de Nazaré. II/2. História e atualidade: As cristologias na espiritualidade*. São Paulo: Paulinas, 1985.

SEGUNDO, J.L. *"La opción por los pobres como clave hermenéutica para entender el Evangelio"*, em *Sal Terrae*, 6 (junio-1986). Tomo 74.

SEGUNDO, J.L. *A história perdida e recuperada de Jesus de Nazaré*. São Paulo: Paulus, 1997.

SETOR PASTORAL SOCIAL-CNBB. *Brasil, Alternativas e perspectivas: Por uma sociedade democrática*. Petrópolis: Vozes, 1994.

SILVA, A.A., *"Jesus Cristo, Luz e Libertador do povo afro-americano: Ensaio de cristologia existencial"*, em *REB*, 223 (setembro/1996), pp. 636-663.

SILVA JUNIOR, E. *O rosto de Jesus no decorrer da história*. Petrópolis: Vozes, 1991.

SÍNODO PARA A AMAZÔNIA. *Documento Final: Amazônia: Novos caminhos para a Igreja e para uma ecologia integral*. Documentos da Igreja – 58. Brasília: Edições CNBB, 2019.

SOBRINO, J. *Cristologia a partir da América Latina: Esboço a partir do Seguimento do Jesus Histórico*. Petrópolis: Vozes, 1983.

SOBRINO, J. *Jesus, o Libertador. I – A história de Jesus de Nazaré*. Petrópolis: Vozes, 1994.

SOBRINO, J. *A fé em Jesus Cristo: Ensaio a partir das vítimas. Série II O Deus que liberta seu povo*. Petrópolis: Vozes, 2000.

SOBRINO, J. *Fora dos pobres não há salvação: Pequenos ensaios utópico-poéticos*. São Paulo: Paulinas, 2008.

SUESS, P. *"O paradigma da inculturação: Em defesa dos povos indígenas"*, em Revista de Cultura Teológica 7 (abr/jun/1994).

SUNG, M.S. *Desejo, mercado e religião*. Petrópolis: Vozes, 1998.

TAVARES, S.S. *A cruz de Jesus e o sofrimento no mundo: A contribuição da Teologia da Libertação latino-americana*. Petrópolis: Vozes – Centro de Investigação e Divulgação, 2002.

THEISSEN, G. & MERTZ, A. *O Jesus histórico: Um manual*. Bíblica Loyola 33. São Paulo: Loyola, 2002.

VERMES,G. *A Religião de Jesus, o Judeu*. Rio de Janeiro: Imago, 1995.

VV.AA. *"Evangelho e Reino de Deus"*, em *Cadernos Bíblicos*, 69. São Paulo: Paulus, 1977.

VV.AA. *História da Igreja no Brasil*. Tomo 2. Petrópolis: Vozes, 1997, pp. 345-346.

VV.AA. *"Quem dizeis que Eu sou?"*, em *Concilium*, 269 (1997-1), pp. 7ss.

V.V.A.A. "*O Ano do Jubileu*", em *Estudos Bíblicos*, 58 (1998).

V.V.A.A. "*Tradições Literárias do Jubileu*", em *Estudos Bíblicos*, 57 (1998).

WEGNER, U. "*Aspectos da cidadania no movimento de Jesus e nas primeiras comunidades apostólicas*", em *RIBLA*, 32 (1999/1), pp. 101-115.

WENGST, K. *Pax Romana: Pretensão e realidade: Experiências e percepções da paz em Jesus e no cristianismo primitivo.* São Paulo: Paulinas, 1991.

WIEDERKEHR, D. "*O Filho, não sem os filhos: A importância social deste título cristológico*", em *Concilium*, 173 (1982/3), pp. 26-34.

COLEÇÃO INICIAÇÃO À TEOLOGIA
Coordenadores: Welder Lancieri Marchini e Francisco Morás

- *Teologia Moral: questões vitais*
  Antônio Moser
- *Liturgia*
  Frei Alberto Beckhäuser
- *Mariologia*
  Clodovis Boff
- *Bioética: do consenso ao bom-senso*
  Antônio Moser e André Marcelo M. Soares
- *Mariologia – Interpelações para a vida e para a fé*
  Lina Boff
- *Antropologia teológica – Salvação cristã: salvos de quê e para quê?*
  Alfonso García Rubio
- *A Bíblia – Elementos historiográficos e literários*
  Carlos Frederico Schlaepfer, Francisco Rodrigues Orofino e
  Isidoro Mazzarolo
- *Moral Fundamental*
  Frei Nilo Agostini
- *Direito Canônico – O povo de Deus e a vivência dos sacramentos*
  Ivo Müller, OFM
- *Estudar teologia – Iniciação e método*
  Henrique Cristiano José Matos
- *História da Igreja – Notas introdutórias*
  Ney de Souza
- *Direito Canônico*
  Pe. Mário Luiz Menezes Gonçalves
- *Trindade – Mistério de relação*
  João Fernandes Reinert
- *Teologia Fundamental*
  Donizete Xavier
- *Teologia Pastoral – A inteligência reflexa da ação evangelizadora*
  Agenor Brighenti
- *Moral Social*
  Fr. André Luiz Boccato de Almeida, OP
- *Cristologia*
  Benedito Ferraro
- *O Espírito Santo – Deus-em-nós – Uma pneumatologia experiencial*
  Volney J. Berkenbrock

LEIA TAMBÉM:

Dicionário de Teologia Fundamental

Esse *Dicionário* tem por base o binômio revelação-fé. Em torno deste eixo giram os 223 verbetes que o compõem. A estrutura do *Dicionário* foi pensada de modo a propor, a quem o desejar, um estudo sistemático de todos os temas da Teologia Fundamental: os princípios básicos e suas implicações.

Em sua concepção inicial, essa obra procurou definir, antes de tudo, as grandes linhas do *Dicionário* e, em seguida, determinar os verbetes a serem tratados, levando em conta uma série de critérios.

Mesmo tendo sido composto há algumas décadas, permanece muitíssimo atual, justamente pela forma abrangente utilizada em sua organização. Sendo um dicionário, não contém tratados teológicos sistemáticos, mas cada temática é apresentada com uma grande abrangência. Além disso, ao final de cada verbete há indicações bibliográficas para aprofundamento.